Ju-Jutsu 3

W. Heim / F. J. Gresch

Ju-Jutsu 3

Spezial-, Gegen- und Weiterführungs-Techniken · Stockkampfkunst

Völlig überarbeitete Auflage

Weitere Techniken findet der interessierte Jujutsuka in den FALKEN Büchern:
»Ju-Jutsu 1. Grundtechniken — moderne Selbstverteidigung« (Nr. 276)
»Ju-Jutsu 2. Für Fortgeschrittene und Meister« (Nr. 378)
»Ju-Jutsu als Wettkampf« (Nr. 826)

Mit dem FALKEN Video »Karate. Einführung und Grundtechniken« (Nr. 6037/VHS) zum schnellen Lernerfolg!

ISBN 3 8068 0485 0

© 1988/1991 by Falken-Verlag GmbH, 6272 Niedernhausen/Ts.
Die Verwertung der Texte und Bilder, auch auszugsweise, ist ohne Zustimmung des Verlags urheberrechtswidrig und strafbar. Dies gilt auch für Vervielfältigungen, Übersetzungen, Mikroverfilmung und für die Verarbeitung mit elektronischen Systemen.
Reihengestaltung: Zembsch' Werkstatt, München
Titelfoto: Wolfgang Zöltsch, Pool Fotostudios, Griesheim
Fotos: Ulrich Kröning, Franz Josef Gresch, Werner Heim
Die Ratschläge in diesem Buch sind vom Autor und vom Verlag sorgfältig erwogen und geprüft, dennoch kann eine Garantie nicht übernommen werden. Eine Haftung des Autors bzw. des Verlages und seiner Beauftragten für Personen-, Sach- und Vermögensschäden ist ausgeschlossen.
Gesamtherstellung: Wiesbadener Graphische Betriebe GmbH, Wiesbaden

Inhalt

Vorwort 7

Zum Geleit 10

Gegentechniken 12
Zusammenstellung weiterer Gegentechniken 42

Weiterführungstechniken 44

Stocktechniken 84
   Selbstverteidigung mit »Waffen« 84
   Stocktechnik allgemein 89
   Grundstellungen und Stockhaltungen 93
   Stockstöße – Stockstiche 95
   Stockschläge 98
   Kombinationen 101
   Varianten 122
   Selbstverteidigung auf der Straße 126
   Selbstverteidigung der Frau mit Regenschirm 129
   Selbstverteidigung mit Spazierstock gegen mehrere Angreifer 135

Übungskampf (Randori) 150
   Randori I 151
   Randori II 154

Freikampf 158
   Freie Abwehr mehrerer Angreifer 158

Spezialtechniken 164
   Beispiele bekannter Ju Jutsu-Meister, Dan-Träger,
   Bundes- und Landestrainer 164

Ju Jutsu – Aspekte 186
   Ju-Jutsu Prüfungsprogramm 190
   Angriffskatalog 195

Vorwort

JU JUTSU –
ist die Kunst des wirkungsvollsten Gebrauchs der geistigen und körperlichen Kraft –

und BUDO –
zeigt hierzu Wege und Grundsätze.

Was gut sein und Bestand haben soll, muß ständig weiter entwickelt und verbessert werden.
Nach diesem Grundsatz hat die Bundesgruppe Ju Jutsu im Deutschen Dan-Kollegium e.V. die Ausbildungs- und Prüfungsordnung Ju Jutsu überarbeitet und zum 1. Januar 1987 neu gefaßt. Der Ausbildungsstoff wurde für die Schüler-(Kyu-)Grade vermindert und für die Meister-(Dan-)Klasse nach den praktischen Erfahrungen der letzten Jahre ergänzt.
Damit bleibt Ju Jutsu dem Anspruch gerecht, modern, allumfassend und unter den Selbstverteidigungssystemen in der Bundesrepublik Deutschland absolut führend zu sein. Das beweisen die steigenden Mitgliederzahlen in der Sektion Ju Jutsu im Deutschen Judo-Bund e.V. Auch die Pflichteinführung von Ju Jutsu bei der Länder-Polizei bestätigt dies. Der Anteil der weiblichen Mitglieder liegt mit 37% an der Spitze aller anderen Budo-Sportarten.
Das vorliegende Buch über Spezialtechniken behandelt als neuen Ausbildungsstoff die Gegentechniken, Weiterführungstechniken und Stocktechniken. Die Stocktechniken eröffnen ganz neue Aspekte einer Selbstverteidigung mit »Waffen«.

In einem besonderen Kapitel stellen sich bekannte Meister, Bundes- und Landestrainer mit ihren Spezialkombinationen vor. Im Anhang stehen die Ausbildungs- und Prüfungsprogramme nach dem neuesten Stand.
Grundlage für dieses Buch sind die im gleichen Verlag erschienenen Bände 1 und 2. Dort sind alle Techniken vom 5. Kyu- bis 2. Dan-Grad ausführlich erläutert, sowie die Grundlagen der Bewegungslehre, Elemente und Prinzipien des Ju Jutsu nachzulesen. Auf diese Basis wird immer wieder Bezug genommen.
Sowohl für den Fachmann in Budo-Verein und -Schule wie auch für das Heimtraining des interessierten Laien vermittelt das Buch wertvolle, neue Anregungen und Erkenntnisse, die für die moderne, erfolgreiche Selbstverteidigung unerläßlich sind.
Allen, die bei der Gestaltung des Buches mitgewirkt und uns unterstützt haben, danken wir herzlichst.

Werner Heim, 6. Dan JJ DDK
Franz Josef Gresch, 6. Dan JJ DDK

1

Abwehr von zwei Angreifern. Der erste Angreifer umklammert von hinten über den Armen. Ein Hüftrad, als Befreiungswurf ausgeführt, löst die Umklammerung und behindert gleichzeitig den von vorn angreifenden zweiten Gegner. Ein gelungenes Beispiel für die Abwehr von zwei Angreifern (Abb. 1).

Der freie Kampf, hier gegen zwei Angreifer, ist eine Form des wettkampfmäßigen Übens (Abb. 2).

Zum Geleit

Seit 1968 ist moderne Selbstverteidigung als eigenständige Sektion Ju Jutsu im Deutschen Judo-Bund (DJB) etabliert. Seither sind die Verantwortlichen der Sektion und der Bundesgruppe bemüht, das in langjähriger Arbeit entwickelte und aus Techniken anderer Budo-Sektionen zusammengestellte neuartige System zu vereinheitlichen, zu straffen, den jeweiligen Angriffsmethoden anzupassen und über die Grenzen des Wirkungsbereiches des DJB hinaus zu verbreiten. Hinderlich ist dabei der Mangel an entsprechender Fachliteratur, unter dem alle neuen Ideen und Arbeitsgebiete zu leiden haben.

Die Sportkameraden Werner Heim und Franz Josef Gresch, die maßgeblich an der Entwicklung des Ju Jutsu beteiligt waren, haben es bereits 1971 unternommen, einen Leitfaden »Ju Jutsu, waffenlose Selbstverteidigung« für Anfänger bis einschließlich 3. Kyu-Grad in sehr ausführlicher und übersichtlicher Form zu erstellen, der inzwischen weite Verbreitung gefunden hat. Der Erfolg dieses Buches spricht für sich.

Das rasche Wachsen der Sektion und das steigende Interesse an dieser Form der modernen Selbstverteidigung bei Vereinen, Schulen, Hochschulen, den Ordnungsorganen und der Bundeswehr ließen es wünschenswert erscheinen, auch dem Fortgeschrittenen ein Lehrbuch in die Hand zu geben, das gleichermaßen für den Lernenden zum Selbststudium wie für den Trainer als Lehrhilfe geeignet sein sollte.

Prof. Dr. Klaus-Jürgen Schulze

Diese Forderung wurde durch das zweite Buch der gleichen Autoren, »Ju Jutsu für Fortgeschrittene und Meister« erfüllt. Das Buch beschreibt die Techniken bis einschließlich 2. Dan-Grad. Der Lehrstoff ist übersichtlich gegliedert und wird pädagogisch geschickt vermittelt.

Die nach dem Vielfältigkeitsprinzip in Kombinationen aufgezeigten Beispiele bieten jeder Mentalität eine Fülle von Möglichkeiten, wodurch über die bloße Vermittlung von Techniken hinaus zum Nachdenken und zur Entwicklung eigener Verkettungen angeregt wird. Dazu gehören auch die Hinweise zur Abwehr mehrerer Gegner.

Neu und lobenswert in einem Sportfachbuch ist die Behandlung sportwissenschaftlich fundierter moderner Trainingsmethoden und die kurze Einführung in das für das Verständnis von Bewegungsformen so wichtige Gebiet der Biomechanik.

Auch nach diesem zweiten Fachbuch wird in vielen Vereinen mit ausgezeichnetem Erfolg gearbeitet. Beide Bände füllen eine Lücke in der Sportliteratur und können als Standardwerk für Ju Jutsu im Deutschen Judo-Bund ausgewiesen werden. Sie liefern Anfängern wie Fortgeschrittenen in hervorragender Weise eine Grundlage zur persönlichen Weiterbildung und helfen dem Übungsleiter, seinen Unterricht attraktiv und effektvoll zu gestalten – eine Empfehlung für jeden, der ernsthaft an Ju Jutsu interessiert ist.

Nunmehr liegt »Ju Jutsu Band 3 Spezialtechniken« vor, mit dem die Autoren meiner Bitte entsprechen, es nicht bei den beiden ersten, reich illustrierten Bänden bewenden zu lassen. Ju Jutsu ist so vielseitig und lebendig, daß wir gar nicht genug derartig brillante Literatur über dieses Gebiet haben können.

In diesem Sinne wünsche ich dem neuen Fachbuch »Ju Jutsu 3« wieder einen guten Erfolg und eine weite Verbreitung.

Herzlichen Dank an alle, die zum Gelingen dieses neuen Werkes beigetragen haben.

Prof. Dr. Klaus-Jürgen Schulze
6. Dan Judo, 5. Dan Ju Jutsu
ehemaliger Präsident des Deutschen Judo-Bundes e.V.
Vizepräsident und Generalsekretär der European Ju Jutsu Federation (EJJF)

Gegentechniken

Gegentechniken sind keine neuen Techniken. Es sind vielmehr die bekannten Ju Jutsu-Techniken aus den Ausbildungsprogrammen des 5. Kyu bis 2. Dan-Grades, die in der Meisterklasse als Gegentechniken angewendet werden, um eine Ju Jutsu-Technik – als Angriff praktiziert – abzuwehren. Die offizielle Definition für Gegentechniken lautet: *Abwehr einer Ju Jutsu-Technik, soweit sie nicht als Angriffsart im Ausbildungsprogramm enthalten ist.*

Warum Gegentechniken?
Ju Jutsu ist eine in den letzten Jahren sehr populär gewordene Selbstverteidigungsmethode. Viele haben unsere Techniken kennengelernt, teils mehr oder weniger intensiv aus Büchern, in Selbstverteidigungskursen oder in Budo-Vereinen und Schulen. Wir müssen damit rechnen, rechtswidrig mit solchen Techniken angegriffen zu werden. Sollen wir uns mit unseren eigenen Mitteln schlagen lassen? Nein. Also müssen wir lernen, den Ansatz einer Ju Jutsu-Technik rechtzeitig abzuwehren oder eine angesetzte Technik zu kontern.
Als Grundregel gilt, daß man eine richtig angesetzte und ausgeführte Ju Jutsu-Technik nicht kontern kann. Eine Abwehrchance besteht nur, wenn ein Ansatz rechtzeitig erkannt und verhindert werden kann oder eine angesetzte Technik mangelhaft ausgeführt wird.
Darum lernen wir zuerst eine perfekte Grundschule, die auf eine absolute Griffsicherheit hinzielt. Die Mängel einer schlechten Grundschule (die erfahrungsgemäß bei 80% aller zu finden sind, die sich in der Selbstverteidigung üben) nutzen wir zu einer erfolgreichen Gegentechnik.
Im Training der Meisterklasse sind die Gegentechniken ein Hilfsmittel, um die Anwendung der Ju Jutsu-Techniken zu vervollständigen. Wer eine Kombination schlecht ausführt, wird an einer schwachen Stelle mit einer Gegentechnik gekontert. Damit entwickeln wir einen effektiven Übungskampf (Randori), der im Training der Meisterklasse nicht mehr fehlen darf. Der spielerische Verlauf von Angriff, Abwehr, Gegentechnik führt zu den technischen Voraussetzungen, die ein Ju Jutsuka erwerben muß, um im Ernstfall mit absoluter Sicherheit bestehen zu können.
Im Sinne dieses Kapitels wurden die zum Ju Jutsu zählenden Block- und Atemitechniken schon immer als Gegentechniken praktiziert. Ein gerader

Fauststoß, Handkantenschlag, Fußtritt vorwärts oder Halbkreisfußtritt wird z. B. mit einer Atemikombination Unterarmblock / Faustrückenschlag / Fauststoß und Fußtritt vorwärts gekontert. Ähnlich verfahren wir jetzt mit dem Kontern von Hebel-, Wurf- und Würgetechniken. Die nachfolgend dargestellten Beispiele sind aus einer Fülle möglicher Kombinationen ausgesucht.

Noch ein Übungshinweis: Vergessen Sie nicht das Kombinationsprinzip, das heißt, auch die Gegentechniken sind immer mit einer Kombination anderer geeigneter Selbstverteidigungstechniken sinnvoll zu verbinden!

Gegentechniken praktisch angewendet

Angriff:
Armstreckhebel über die Schulter

Gegentechnik:
Tritt in die Kniekehle und Fauststoß zum Gesicht (Abb. 3)

Angriff:
Kipphandhebel

Gegentechnik:
Hüftwurf (Abb. 4)

Handdrehbeugehebel

Handdrehbeugehebel (Abb. 5)

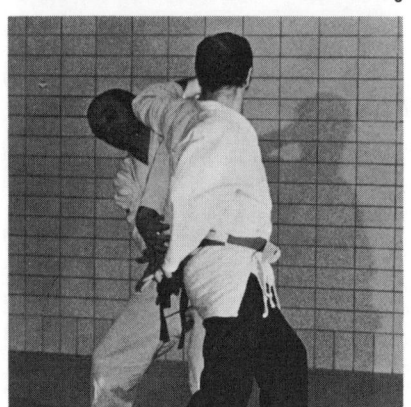

Umdrehen und Ellenbogenstoß oder Faustrückenschlag (Abb. 6)

Rolle vorwärts und Fußtritt oder Beinhebel (Abb. 7—10)

Weiterhin möglich:
Fersenrückwurf
Kipphandhebel
Körperstreckhebel

Kipphandhebel

Kipphandhebel (Abb. 11)

Wenn der Gegner den Kipphandhebel ansetzen will (Abb. 12) ...

... Hand drehen und nach vorn stoßen (Abb. 13)

Des Gegners Arm fassen und links nach vorn gleiten (Abb. 14).

Körperrückstoß ausführen (Abb. 15)

Verteidigung wie oben beschrieben, jedoch eindrehen zum Körperstreckhebel (Abb. 16–17).

Weiterhin möglich:
Kipphandhebel
Hüftwurf
Fauststoß
Armstreckhebel zum Boden

Handbeugehebel

Handbeugehebel (Abb. 18)

Dem Zug folgen und mit Schulterbeinzug werfen (Abb. 19–20).

Armriegel von außen

Armriegel von außen (Abb. 21)

Arm drehen (Abb. 22) ...

... und Talfallzug ausführen (Abb. 23).

Weiterhin möglich: Ausheber

Körperstreckhebel

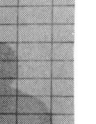

Körperstreckhebel (Abb. 24)

Im Ansatz den Arm drehen (Abb. 25) ...

... links vorgleiten und kleinen Eingangswurf ausführen (Abb. 26–27).

Weiterhin möglich:
Talfallzug
Kleine Außensichel
Ausheber

Bauchstreckhebel

Im Ansatz den Arm drehen (Abb. 28) . . .

. . . den Angreifer an den Oberschenkeln fassen (Abb. 29) . . .

. . . und Ausheber ausführen (Abb. 30).

Weiterhin möglich:
Rolle vorwärts
Talfallzug

Armstreckhebel über die Schulter

Armstreckhebel über die Schulter (Abb. 31)

Im Ansatz Seitfußstoß zur Kniekehle (Abb. 32) ...

... und Fauststoß zum Kopf ausführen (Abb. 33).

Kreuzfesselgriff

Kreuzfesselgriff (Abb. 34)

Im Ansatz Arm strecken und Armbeugehebel ausführen (Abb. 35–36).

Kreuzfesselgriff (Abb. 37)

Rolle vorwärts ausführen (Abb. 38),

Fußtritt zum Gesicht (Abb. 39),

dann durch Beinbeugehebel werfen und hebeln mit Fußhebel (Abb. 40–41)

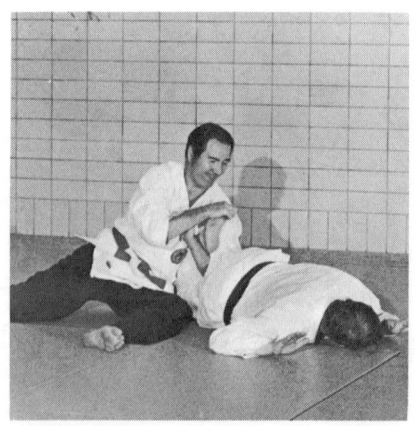

oder nach der Rolle den Kopf umklammern und überwerfen,
Beinhalsschere ausführen
(Abb. 42–43).

42

43

Genickhebel

Genickhebel (Abb. 44)

Schocken und Griff lockern (Abb. 45) . . .

. . . hinter des Gegners Bein treten (Abb. 46) . . .

... nach vorne überrollen (Abb. 47) ...

... Handbeugehebel ansetzen (Abb. 48) ...

... und mit dem Handbeugehebel aufheben (Abb. 49).

Genickdrehhebel

Genickdrehhebel (Abb. 50)

Der Drehrichtung folgend (Abb. 51)...

... Hüfte durchschieben (Abb. 52)...

... und Schulterwurf ausführen (Abb. 53).

Nierenschere

54

Nierenschere (Abb. 54)

Lösen durch Fauststoß (Abb. 55),

55

aufstehen und den Gegner mit dem Beinriegel umdrehen (Abb. 56–57).

56 57

Freies Würgen

Freies Würgen (Abb. 58)
Griff lockern, schocken, umdrehen und mit Großer Außensichel werfen (Abb. 59–60), oder nach unten, hinten herauswinden und übergehen zum Armstreckhebel zum Boden (Abb. 61–62).

Weiterhin möglich:
Fingerstiche, Ellenbogenstoß, Hüftwurf, Schulterwurf, Handdrehgriff oder Armdrehgriff

Fußrückstoß

Der Gegner versucht, einen Fußtritt mit Fußrückstoß zu kontern (Abb. 63).
Knie krümmen und Fauststoß zum Gesicht (Abb. 64).

Ausheber

Der Gegner setzt einen Ausheber an (Abb. 65).
Gegentechnik: Ellenbogenstoß oder Bauchstreckhebel (Abb. 66–67).

Hüftwurf

Hüftwurf (Abb. 68)

Absperren nach hinten (Abb. 69)...

...vor den Gegner treten (Abb. 70)...
...und selbst Hüftwurf ausführen (Abb. 71).

Oder umspringen in die Bodenlage und Seitenrad ausführen (Abb. 72—74).

Weiterhin möglich: Talfallzug, Körperwurf

72

73

74

Schwertwurf

Schwertwurf (Abb. 75)

Das Eindrehen des Gegners um 180 Grad auf halbem Wege abstoppen (Abb. 76),

Rückriß ausführen (Abb. 77) oder durchgehen und Armstreckhebel über die Schulter (Abb. 78) anwenden.

Weiterhin möglich:
Ebenfalls Schwertwurf,
Seitfußstoß in Kniekehle
Körperrückstoß
Kipphandhebel
Handdrehgriff
Armstreckhebel am Boden
Transportwürge
Kleiner Eingangswurf

Große Außensichel

Große Außensichel (Abb. 79)

Den Wurfansatz mit dem Handballenstoß kontern und selbst die Große Außensichel ausführen (Abb. 80–81).

Weiterhin möglich:
Seitenriß
Körperrückstoß

Schulterwurf

Schulterwurf (Abb. 82)

Nach dem Schulterwurf Fußtritt zum Gesicht des Gegners, anschließend mit dem Beinhebel werfen und hebeln (Abb. 83–84).

Weiterhin möglich:
Freie Würge/Transportwürge
Fußtritt in die Kniekehle
Atemi zu den Nieren

Große Innensichel

85

Große Innensichel gegen Umklammerung von vorn unter den Armen.
Der Gegner setzt Große Innensichel an (Abb. 85).

Seinem Druck nachgeben (Abb. 86),

den rechten Fuß einsetzen (Abb. 87) und als Gegentechnik den Kopfwurf ausführen (Abb. 88).

86

Weiterhin möglich:
Seitenrad
Halbkreisfußtritt
Seitfußstoß
oder noch im Ansatz Hebezugfußhalte

88 87

Hebezugfußhalte

Hebezugfußhalte (Abb. 89–90)

Wenn der Gegner den Wurf ansetzt, überspringen und selbst eine Hebezugfußhalte ausführen (Abb. 91–93).

Weiterhin möglich:
Körperwurf
Kniestoß

Kleine Innensichel

94

Nach dem Wurf einhängen und Fußstoß seitwärts ausführen (Abb. 94–95).

Weiterhin möglich:
Beinbeugehebel
Kopfwurf

95

Doppelhandsichel

Bei der Ausführung des Wurfes klammern (Abb. 96) und mit Schwung einen Eckenwurf ausführen (Abb. 97).

Weiterhin möglich:
Kreuzfesselgriff
Preßluftschlag
Ellenbogenstoß nach unten
Fersenrückwurf

Kopfwurf

Kopfwurf (Abb. 98)

Beim Ansatz das Bein fassen, Handballenstoß ausführen (Abb. 99) und mit Großer Innensichel werfen (Abb. 100). Mit Fußstreckhebel oder Beinriegel weiterführen (Abb. 101).

Weiterhin möglich:
Beinbeugehebel
Bein wegfegen/Körperrückstoß

Zusammenstellung weiterer Gegentechniken

Angriff des Gegners: **Gegentechnik:**

Armstreckhebel zum Boden
Rolle vorwärts
Fußstöße aus der Bodenlage
Ausheber
Kipphandhebel
Körperrückstoß
Drehung um 180 Grad/Ellenbogenstoß

Handdrehhebel
Kreuzfesselgriff
Fersenrückwurf

Armdrehgriff und
Handdrehgriff
Körperrückstoß
Rückriß
Transportwürge
Körperdrehung um 180 Grad und
Ellenbogenstoß

Drehstreckhebel
Fußstoß seitwärts
Rolle vorwärts/Fußstöße aus
der Bodenlage
Kreuzfesselgriff

Handsperrhebel
Fersenrückwurf
Fußtritt

Handseithebel
Rolle vorwärts/Fußstöße
Fußstoß seitwärts
Körperdrehung um 180 Grad/Faust-
rückenschlag

Seitstreckhebel
Eigene Handfassen/Mitgehen/Atemi

Armriegel von innen
Fauststoß
Kleine Außensichel
Große Außensichel
Hüftwurf
Kleiner Eingangswurf

Fußdrehhebel	Herausdrehen und Fußstoß rückwärts
Preßluftschlag	Unterarmblock und Kopfstoß oder Ellenbogenstoß
Beindurchzug	Ausheber In Bodenlage Fußstoß
Schulterbeinzug	Fauststoß nach unten Fußstoß aus der Bodenlage
Außendrehwurf	Bein einhängen/Freies Würgen Ausweichen/Körperwurf
Rückriß	Drehung um 180 Grad/Handkantenschlag
Körperwurf	Bein einhängen/Freies Würgen Kleiner Eingangswurf Körperrückstoß Rückriß
Kleine Außensichel	Kleine Außensichel

Weiterführungstechniken

Mit Hilfe der Weiterführungstechniken wird die Abwehr unter Berücksichtigung des Widerstandes oder der Gegenbewegung des Angreifers weitergeführt. Die Grundtechniken sind aus den Ausbildungsprogrammen bekannt.
Was unterscheidet die Weiterführungstechniken von den Kombinationen?
Werden mehrere Selbstverteidigungstechniken in einer vorgeplanten Folge von Abwehrhandlungen sinnvoll verbunden, nennt man das eine Kombination. Bei den Weiterführungstechniken entsteht in der Gesamtabwehrhandlung letztlich auch eine sinnvolle Kombination. Sie ist aber nicht das Ergebnis einer gewollten, vorgeplanten Folge, sondern ergibt sich als Aktion auf eine Reaktion.
Zur Erklärung folgendes Beispiel:
Angriff:
Gerader Messerstich mit der rechten Hand zum Magen (Florettstich)
Abwehr:
Körperabdrehen, Handfegen links, Fassen des Handgelenks mit der rechten Hand und Faustrückenschlag links zum Gesicht, Armstreckhebel über die Schulter (als Transportgriff zu halten).

Abnehmen des Messers durch Überstrecken des Ellenbogengelenks.
Soweit ist die Abwehr eine gewollte, vorgeplante, sinnvolle Kombination mehrerer Selbstverteidigungstechniken. Jetzt setzt die Gegenbewegung des Angreifers ein. Er krümmt den über der Schulter gestreckten Arm, um so der schmerzhaften Hebelwirkung zu entgehen. Diese Gegenbewegung wird sinnvoll weitergeführt (Weiterführungstechnik) zum Schwertwurf oder zum Armbeugehebel mit anschließender Festlegetechnik am Boden.
Die nachfolgenden Beispiele sind aus einer Fülle möglicher Weiterführungstechniken ausgesucht und in Bildern dargestellt. Es wurde bewußt darauf verzichtet, auch alle Folgetechniken nach dem Kombinationsprinzip im Bild darzustellen, da dies als bekannt und unerläßlich vorausgesetzt werden muß. Trotzdem muß noch einmal darauf hingewiesen werden, daß nach der Weiterführungstechnik die Verteidigung mit Kombinationen so lange fortgeführt werden muß, bis der Angreifer kampfunfähig ist.

Handdrehbeugehebel

102

Angriff des Gegners durch Ohrfeige, Abwehr mit Unterarmblock und Schock (Abb. 102),

103

Verteidigen mit *Handdrehbeugehebel* (Abb. 103),

104

Gegner führt eine Rolle vorwärts aus (Abb. 104),

nach der Rolle den Arm des Gegners in Richtung Kopf strecken (Abb. 105),

den Gegner in Bauchlage bringen und mit dem Handdrehbeugehebel festlegen (Abb. 106–107).

Weiterhin möglich:
Kipphandhebel
Handbeugehebel
Armstreckhebel am Boden

Der Gegner winkelt den Arm an (Abb. 108),

umgreifen und weiterführen zum Handbeugehebel (Kavaliersgriff) (Abb. 109–110),

oder weiterführen zum Kreuzfesselgriff (Abb. 111–112).

Aus dieser Gegenbewegung auch möglich: Handdrehhebel

108

109

110

111

112

Handdrehhebel

Angriff durch Würge mit beiden Händen (Abb. 113),

Abwehr durch *Handdrehhebel* (Abb. 114),

wenn der Gegner den Arm streckt (Abb. 115),

weiterführen zum Körperstreckhebel (Abb. 116) oder mitgehen (Abb. 117) und Körperrückstoß ausführen (Abb. 118).
Unter Ausnutzung dieser Gegenbewegung ist weiterhin möglich: Bauchstreckhebel, Armstreckhebel zum Boden, Große Außensichel, Kleine Außensichel, Handseithebel

116

117

118

Kipphandhebel

Messerangriff abwehren durch *Kipphandhebel* (Abb. 119–120).

Der Gegner dreht die Hand und klammert (Abb. 121),

kleine Innensichel ausführen und Messer abnehmen (Abb. 122–123).

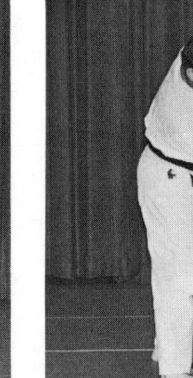

Der Gegner dreht die Hand und stößt sie nach vorn (Abb. 124),

weiterführen zum Kreuzfesselgriff (Abb. 125–126),

oder Körperstreckhebel ausführen (Abb. 127–128),

oder Drehstreckhebel ausführen
(Abb. 129–130).

Der Gegner dreht sich und klammert
(Abb. 131).

Weiterführen durch Hüftwurf
(Abb. 132),

Handbeugehebel ansetzen (Abb. 133),

den Gegner zum Umdrehen zwingen (Abb. 134),

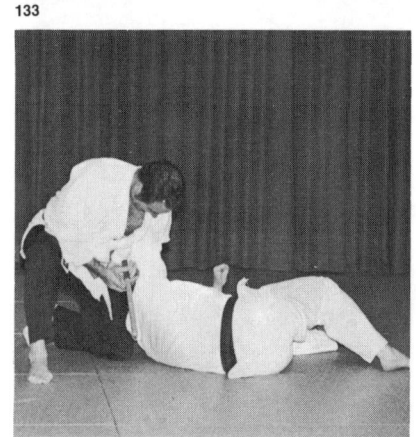

mit Handbeugehebel aufheben und abführen (Abb. 135–136).

Handseithebel

Angriff durch Fassen am Ärmel (Abb. 137),
Abwehr durch *Handseithebel* (Abb. 138)
Der Gegner versucht, der Hebelwirkung durch eine Rolle vorwärts zu begegnen (Abb. 139),
nach der Rolle weiterführen zum Armstreckhebel am Boden (Abb. 140–141). Winkelt der Gegner am Boden den Arm an, zum Handbeugehebel weiterführen.

Armstreckhebel zum Boden

Angriff durch Stockschlag von oben abwehren durch einen *Armstreckhebel zum Boden* (Abb. 142–143).
Krümmt der Gegner den Arm, dann weiterführen zu Handbeugehebel (Abb. 144), Armbeugehebel (Abb. 145) oder Kreuzfesselgriff (Abb. 146).

144

142

145

143

146

Zieht der Gegner im Ansatz den Arm an (Abb. 147),

der Bewegung folgen und Armbeugehebel ausführen (Abb. 148),

zu Boden bringen und durch Handbeugehebel festlegen (Abb. 149).

Weicht der Gegner durch eine Rolle vorwärts aus (Abb. 150),

ihn mit gestrecktem Arm in Bauchlage bringen (Abb. 151),

Armstreckhebel (Abb. 152) oder Beinkreuzfesselgriff ausführen (Abb. 153).

150

152

151

153

154

Armstreckhebel über die Schulter

Messerangriff abwehren mit
Armstreckhebel über die Schulter
(Abb. 154–155).
Krümmt der Gegner den Arm
(Abb. 156),
zum Armbeugehebel übergehen
(Abb. 157),
oder Schwertwurf ausführen (Abb. 158)
Aus dieser Gegenbewegung läßt sich auch ausführen: Große Außensichel, Arm-/Handdrehgriff.

155

157

156

158

Armriegel von außen

Angriff durch Schlag von innen (Abb. 159) abwehren durch *Armriegel von außen* (Abb. 160).

Der Gegner krümmt den Arm (Abb. 161),

daher weiterführen durch Handbeugehebel (Abb. 162) oder Armbeugehebel (Abb. 163).

161

159

160 163

162

Drehstreckhebel

164

Pistolenangriff von hinten, umdrehen und mit Hilfe des *Drehstreckhebels* verteidigen (Abb. 164–166).

165

Krümmt der Gegner den Arm, dann mit Kreuzfesselgriff weiterführen (Abb. 167).

166

167

Bauchstreckhebel

Stockangriff abwehren (Abb. 168),
und durch *Bauchstreckhebel* (Abb. 169)
verteidigen.

Krümmt der Gegner den Arm
(Abb. 170),
weiterführen zu Körperstreckhebel
(Abb. 171),

168

170

169

171

oder Handdrehhebel (Abb. 172),

oder Kipphandhebel (Abb. 173–174).

Armbeugehebel

Stockangriff abwehren (Abb. 175), verteidigen mit *Armbeugehebel* (Abb. 176),
dreht der Angreifer den Arm nach innen (Abb. 177), Übergang zum Handdrehbeugehebel (Wickelgriff) (Abb. 178).

Der Gegner dreht sich und klammert – dann weiterführen zur Großen oder Kleinen Innensichel (Abb. 179).

177

175

176

178

179

Armriegel von innen

Stockschlag von außen (Abb. 180)

durch *Armriegel von innen* abwehren (Abb. 181).

Krümmt der Gegner den Arm nach innen (Abb. 182),

weiterführen zum Armbeugehebel und Kleiner Außensichel (Abb. 183).

Gegner drückt und krümmt den Arm nach außen (Abb. 184),

weiterführen zum Schulterwurf (Abb. 185).

Aus dieser Gegenbewegung läßt sich auch die Große Außensichel und die Kleine Innensichel ausführen.

Kreuzfesselgriff

Einen Messerangriff abwehren (Abb. 186).
Übergang (Abb. 187)
zu *Kreuzfesselgriff* (Abb. 188).

Streckt der Gegner den Arm (Abb. 189)
Drehstreckhebel und Fußtritt ausführen (Abb. 190).

Fußrückstoß

Fußtritt abwehren (Abb. 191) . . .
. . . durch *Fußrückstoß* (Abb. 192).

Weiterhin möglich:
Beinriß
Körperrückstoß
Kleiner Eingangswurf

Kann der Gegner seinen Stand bewahren und zieht sein Bein an (Abb. 193), weiterführen zu Beinrückzug mit Kleiner Außensichel (Abb. 194).

191

193

192

194

Armdrehgriff

195

Stockangriff abwehren durch Handballenstoß. Eindrehen zum *Armdrehgriff* (Abb. 195–197).

196

197

Dreht sich der Gegner, weiterführen zum Armbeugehebel (Abb. 198)

oder zur Freien Würge (Abb. 199)

und zur Transportwürge (Abb. 200).

Kippstreckhebel

Ist der Gegner in Bodenlage zwischen den Beinen (Abb. 201),
Verteidigung durch den *Kippstreckhebel* (Abb. 202).

Zieht der Gegner nach hinten, diese Bewegung zum Seitstreckhebel weiterführen (Abb. 203–205).

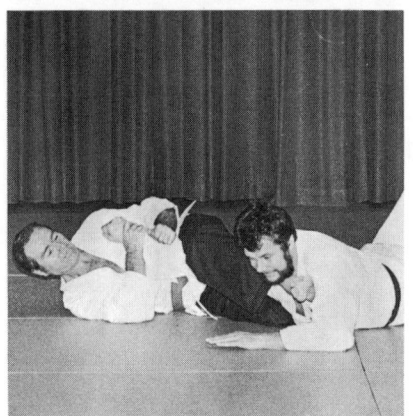

Wehrt sich der Gegner gegen den Seitstreckhebel, wegdrehen und Kippstreckhebel ausführen
(Abb. 206–207).

206

207

Nierenschere

Einen Würgeangriff in der Bodenlage abwehren durch eine *Nierenschere* (Abb. 208).
Wehrt sich der Gegner durch Ellenbogendruck in die Oberschenkel (Abb. 209),

weiterführen mit Beinstrecker (Abb. 210),
Genickdrehhebel (Abb. 211) und Fauststoß (Abb. 212).

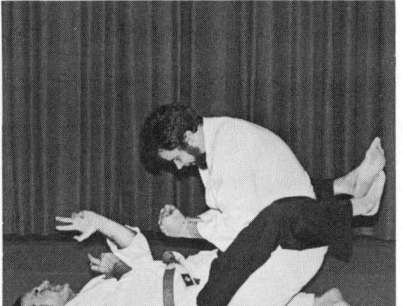

Hüftwurf

Einen Faustsoß zum Gesicht mit einem Unterarmblock abwehren (Abb. 213) und mit einem *Hüftwurf* fortsetzen (Abb. 214–215).

Sperrt der Gegner nach hinten, Kleine Innensichel ausführen (Abb. 216–217).

213

214

216

217

Rückriß

Einen Angriff durch Fußtritt mit Tiefblock und *Rückriß* abwehren (Abb. 218–220).

Kann der Gegner stehen bleiben, mit einer Doppelhandsichel nach vorn werfen (Abb. 221–222).

Als Weiterführungstechnik ist auch eine Freie Würge möglich.

Gegner dreht sich und versucht einen Faustrückenschlag (Abb. 223), abblocken, an den Schultern greifen (Abb. 224) und Rückriß ausführen (Abb. 225).

223

Aus dieser Gegenbewegung auch möglich:
Unterarmblock von innen
Freies Würgen

224

225

Handbeugehebel

Angriff durch Würge mit Schlag – verteidigen mit Handkantenblock (Abb. 226) und *Handbeugehebel* (Abb. 227).

Der Gegner will sich durch Schulterbeinzug verteidigen (Abb. 228), selbst fallen (Abb. 229) und zu Seitstreckhebel weiterführen (Abb. 230).

Außendrehwurf

Stockschlag von außen durch einen *Außendrehwurf* abwehren (Abb. 231–233).
Sperrt der Gegner den Wurf ab und kann stehen bleiben, nach vorne fallen lassen (Abb. 234) und auf den Rücken drehen. Mit einem Beinhebel oder je nach Stand des Gegners mit einem Scherenwurf zu Fall bringen (Abb. 235).

231

232

233

234

235

236

239

237

240

238

241

Schulterwurf

Stockangriff abwehren durch *Schulterwurf* (Abb. 236–237). Angreifer sperrt (Abb. 238), Armbeugehebel (Abb. 239) oder Schwertwurf (Abb. 240). Wehrt der Gegner sich durch eine Freie Würge (Abb. 241), nach hinten, unten herausdrehen (Abb. 242) und zum Armstreckhebel am Boden weiterführen (Abb. 243). Weicht Gegner dem Wurf aus, indem er sich vorbeischiebt und den »Schwitzkasten« versucht (Abb. 244–245), weiterführen mit Ausheber oder Schaufelwurf (Abb. 246).

244

242

245

243

246

Große Außensichel

Stockangriff mit einer *Großen Außensichel* abwehren (Abb. 247–248).

Kann der Angreifer seinen Fuß zurückziehen, eindrehen und weiterführen mit einem Körperwurf (Abb. 249–251).

Weitere Möglichkeiten: Wenn der Gegner das Bein hochnimmt, Talfallzug oder Genickdrehhebel.

249

247

250

248

251

Große Innensichel

Einen Würgeangriff mit einer *Großen Innensichel* abwehren (Abb. 252–253).

Der Angreifer wehrt sich durch Gegendruck (Abb. 254).

Eindrehen und Schulterwurf ausführen (Abb. 255–256).

252

253

255

254

256

Hebezugfußhalte

Umklammerung von vorn abwehren durch eine *Hebezugfußhalte* (Abb. 257–258).

259

Springt der Gegner über (Abb. 259), Kleine oder Große Innensichel anwenden (Abb. 260–261).

257

258

260

261

262
Abwehr eines Stockschlages mit einem Schulterwurf (Fesselung beider Arme) (Abb. 262).

Stocktechniken

Selbstverteidigung mit »Waffen«

Bei den Erläuterungen in diesem Kapitel gehen wir davon aus, daß wir im Gefahrenfalle einen Stock zur Hand haben, um uns entsprechend verteidigen zu können.

Wenn wir nicht mit einem Spazierstock oder Regenschirm als Zweckgegenstände »bewaffnet« sind, müssen wir versuchen, ganz schnell in den Besitz eines stockähnlichen Gegenstandes zu kommen – sei es ein Stück vom Lattenzaun, ein abgebrochener Ast im Wald, ein Stuhlbein im Gasthaus, eine Mistgabel im Garten, ein Billardstock im Spielsaal oder ähnliches.

Wir können dem Angreifer aber auch eine gegen uns gerichtete Schlagwaffe mit Ju-Jutsu-Techniken abnehmen, ihn also entwaffnen, um sie dann selbst für unsere weitere Selbstverteidigung mit Stocktechniken einzusetzen.

Die folgenden Beispiele zeigen, wie man sich gegen Angriffe mit dem Stock verteidigt und dem Angreifer den Stock entwindet. Weitere Möglichkeiten der Stockabwehr sind in Band 1 und 2 nachzulesen.

Angriff: Schlag von oben mit langem Stock beidhändig (Abb. 263)

Verteidigung: Handfegen (Abb. 264)

Stockfassen (Abb. 265)

265

Faustrückenschlag oder Handkantenschlag zum Gesicht (Abb. 266)

266

Stock abnehmen (Abb. 267)

267

Angriff: Schlag von oben mit langem Stock beidhändig (Abb. 268)

Verteidigung: Handfegen (Abb. 269)

Körperrückstoß (Abb. 270)

Stock abnehmen (Abb. 271)

Stockschlag von oben (Abb. 272)

Angriff: Schlag von innen mit langem Stock beidhändig (Abb. 273)

Verteidigung: Handkantenblock (Abb. 274)

Fesselung beider Arme (Abb. 275)

Hüftwurf (Abb. 276)

Stockstich (Abb. 277)

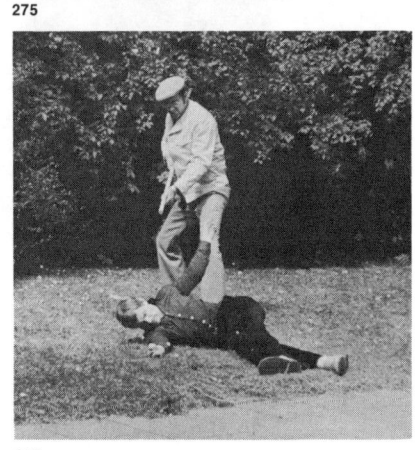

Angriff: Schlag von oben mit einem langen Schwert beidhändig.

Verteidigung: Aus der Bodenlage Halbkreisfußtritt zum Solar plexus (Abb. 278), Beinbeugehebel (Abb. 279), Festlegen mit Beinbeugehebel/Fauststoß (Abb. 280).

Stocktechnik allgemein

Ju Jutsu ist vornehmlich eine waffenlose Selbstverteidigung. Sie ermöglicht, in Vollendung ausgeführt, die Abwehr mehrerer Angreifer und deren Entwaffnung. Bewaffnete Angreifer sind allerdings immer ein hohes Risiko für Leib und Leben, zumal heute viele Waffen und waffenähnliche, verbotene Gegenstände verwendet werden, deren Gefährlichkeit nicht sofort erkennbar ist, z. B. Springmesser, Schlagringe, Schlagfedern, Nunchakus, Rohre, Stöcke, Stockschirme, Drahtschlingen, imitierte Schmuckketten, verborgene Rasierklingen, geschliffene Metallkämme, Nägel, Schlüssel, abgeschlagene Flaschenhälse, Henkel von Bierkrügen usw.

Die Selbstverteidigung mit Stocktechniken ist hier eine gute Alternative und eröffnet auch dem älteren Ju Jutsuka zahlreiche neue Möglichkeiten einer erfolgreichen Abwehr.

Der geschickte Umgang mit dem Stock als Waffenkampfsportart gehört zum wesentlichen Bestandteil der fernöstlichen Kampfkünste. So kennt man seit über 10 Jahren in Deutschland Stocktechniken aus dem Kendo und Aikido. Weniger bekannt geblieben sind die Stoß- und Schlagtechniken aus dem Bo-Karate sowie die Hebel-, Wurf- und Würgetechniken aus dem Bo-Jutsu, die auch unter den Begriffen Stick-fighting und Kobudo zu finden sind.

Die Übernahme einer Auswahl von Stocktechniken in das moderne Ju Jutsu geht von der Erkenntnis aus, daß es zweifellos vorteilhaft und nützlich ist, mit einem Stock oder einer stockähnlichen Schlagwaffe (z. B. Spazierstock, Regenschirm, Stuhlbein, Latte, Eisenstange) umgehen und sie in der Selbstverteidigung einsetzen zu können. Oft kommt es vor, daß man einem Angreifer eine solche Schlag- und Stichwaffe mit Ju Jutsu-Techniken abnehmen und sie dann gegen weitere Angriffe – insbesondere mehrerer Angreifer – einsetzen kann.

Für die Ausführung von Stocktechniken gelten die im Ju Jutsu gültigen Bewegungs-, Energie- und Wirkungsprinzipien gleichermaßen. Alle Bewegungen kommen aus der Körpermitte (Hara/Hüfte) und werden auf den Stock übertragen. Eine solche Waffe ist den Armen an Reichweite und den Extremitäten an Härte überlegen.

Die Stockhaltung ist variabel. Sowohl Einhandhaltung am Stockende, Zweihandhaltung entweder in der Mitte des Stocks (waagerecht vor dem Körper gehalten) oder am Stockende (Schwerthaltung) sind möglich. Verschiedene Varianten gestatten überraschende Abwehr- und Angriffstechniken, die den Wirbelschlägen mit einem Nunchaku entsprechen.

Der Übungsstock gleicht in der Länge mit ca. 92 cm dem üblichen Spazierstock.

Das Kapitel Stocktechniken kann im Rahmen dieses Buches nicht erschöpfend dargestellt werden. Mit einigen ausgesuchten Grundtechniken wird an Kombinationsbeispielen gezeigt, wie man sich wirkungsvoll verteidigen kann. Diese Stocktechniken bedeuten für den Ju Jutsuka eine Erweiterung seines Könnens, insbesondere für die Abwehr mehrerer bewaffneter Angreifer.

Dem Laien, der im Ju Jutsu als Kunst der waffenlosen Selbstverteidigung nicht geübt ist, sowie älteren Menschen und Frauen werden Möglichkeiten gezeigt, wie man sich ohne große körperliche Gewandtheit und Kraft mit Hilfe eines Spazierstockes oder Regenschirmes erfolgreich wehren kann.

Der Hauptvorteil bei der Verwendung eines Stockes oder Schirms ist der Gewinn an Reichweite. Darum ist ein Angreifer möglichst auf Distanz zu halten und mit Stockschlägen und -stößen (Atemi) abzuwehren.

Bei unvermeidbarem Körperkontakt werden die Atemitechniken mit Hebel-, Wurf- und Würgetechniken ergänzt, um den Angreifer auszuschalten.

Wird der Stock vom Angreifer gefaßt, sollte man nicht kopflos mit Kraft gegen Kraft um den Besitz streiten. Stattdessen ist der Stock mit seinem freien Ende als Schlagwaffe zu benutzen. Außerdem kann man mit seiner Hilfe den Angreifer durch Zug-, Druck- oder Kreisbewegungen aus dem Gleichgewicht bringen, um somit seine Kraft und Körperstabilität zu schwächen. Anschließend ist es ein leichtes, dem Gegner den Stock zu entwinden beziehungsweise ihn mit einer Wurftechnik zu Fall zu bringen.

Stocktechniken können selbstverständlich sehr wirkungsvoll mit anderen Ju Jutsu-Techniken kombiniert werden. Insbesondere bei der Abwehr mehrerer Angreifer sind die Stoß- und Schlagtechniken des Stockes mit anderen Atemitechniken der Beine und Hände zu verbinden.

● Die Bestimmungen über die Notwehr sind immer zu beachten, damit aus dem Verteidiger kein Beklagter wird, der sich vor einem Gericht zu verantworten hat.

Eine Selbstverteidigung ist im Ernstfall Nervensache. Nur wer sich in der Gewalt hat, ruhig und gelassen bleibt (tiefe Zwerchfellatmung), wird seine Techniken – mit und ohne Stock – erfolgreich zum Schutze seiner Person und Rechte anwenden können.

Zur Schulung von Technik, Reaktion und Schnelligkeit hat sich die Übung des »Waffenkampfes« bewährt. Der Angreifer versucht, den Verteidiger mit dem Messer, Stock oder einer sonstigen Waffe zu treffen. Der Verteidiger muß die vielfältigen und auch listenreichen Angriffe abwehren. Beide tragen zweckmäßigerweise Kopf-, Hand- und Brustschutz, damit Angriff und Abwehr voll ausgeführt werden können.

Um Verletzungen zu vermeiden, empfiehlt es sich, hierbei »entschärfte« Waffen zu benutzen, also abgestumpfte Messer, Holzmesser und isolierte Schlagstöcke.

Die folgenden Fotos zeigen einige Kampfszenen.

Vertikaler Seitstoß gegen Stockschlag von innen (Abb. 281) mit Fußfeger (Abb. 282) und Stockstich (Abb. 283).

Hüftwurf links (Abb. 284–285).

Horizontaler Seitstoß nach oben gegen Stockschlag beidhändig von oben. Kurzer Schlag von der Seite gegen den Kopf (Abb. 286–287).
Langer Stockschlag zum Genick gegen Schwertschlag von oben (Abb. 288).
Waagerechter Seitstoß mit der Mitte des Stockes gegen Arm und Gesicht des Angreifers. Diese Abwehr kann bei einem Angriff mit dem Messer verwendet werden (Abb. 289).
Hüftwurf mit Stock gegen einen beidhändigen Würgegriff (Abb. 290).

288

286

289

287

290

Grundstellungen und Stockhaltungen

Nachfolgend werden die wichtigsten Grundstellungen, Stockhaltungen sowie Verteidigungs- und Angriffstechniken dargestellt und zu Kombinationen der Grundschule und zur Selbstverteidigung auf der Straße gegen einen und mehrere Angreifer verbunden.

291

Ausgangsstellung

Die Füße stehen in Schulterbreite auseinander, der Körper ist gerade aufgerichtet, die Arme hängen locker herab und halten den Stock waagerecht vor den Körper. Beide Hände fassen den Stock fest mit Obergriff. Die Handrücken zeigen nach oben (Abb. 291).

292

Kampf- oder Verteidigungsstellung

Aus der Ausgangsstellung wird ein Fuß einen Schritt nach hinten gesetzt und der Körper halb abgedreht (linke oder rechte Verteidigungsstellung). Der Körperschwerpunkt liegt etwas abgesenkt genau in der Mitte der Beine. Aus dieser Stellung kann man sich nach allen Seiten gut bewegen und in die Angriffsstellung übergehen. Der Stock wird mit angewinkelten Armen, seitlich dicht am Körper, ohne Griffwechsel so nach vorne gehalten, daß die Stockspitze auf den Angreifer zielt (Abb. 292).

Angriffsstellung

Der Körperschwerpunkt liegt tiefer und festigt damit das Gleichgewicht. Die Bewegungsfähigkeit wird dadurch eingeschränkt. Der Stock wird zum Angriff eingesetzt und verschiedenartig gehalten (Abb. 293–294).

Stockstöße – Stockstiche

Längsstöße

Der Stock wird mit der Spitze nach vorne, hinten oder seitwärts gestoßen. Die Kraft konzentriert sich auf eine kleine Auftreffläche. Dabei unterscheidet man beidarmiger Längsstoß mit Obergriff nach vorne, hinten und zur Seite, beidarmiger Längsstoß mit Schwertgriff nach vorne (Abb. 295), einarmiger Längsstoß nach vorne, hinten und zur Seite (Abb. 296).

295

296

297

Seitstöße

Beim Seitstoß trifft der Stock quer – also mit der Seite – sein Ziel. Auf diese Weise werden sowohl Angriffstechniken wie auch Block- bzw. Abwehrtechniken ausgeführt. Der Stoßpunkt des

Vertikaler (senkrechter) Seitstoß mit der Mitte des Stocks (Abb. 297). Vertikaler (senkrechter) Seitstoß mit einem Ende des Stocks (Abb. 298–301).

298

299

300

301

Stockes liegt entweder in der Mitte oder an den Stockenden . Mit den Stockenden können auch Fegetechniken – ähnlich dem Handfegen – ausgeführt werden.

Horizontaler (waagerechter) Seitstoß mit der Mitte des Stocks (Abb. 302–303)

Horizontaler (waagerechter) Seitstoß mit einem Ende des Stocks (Abb. 304).

Stockschläge

Einarmig und beidarmig ausgeführte kurze und weitausgeholte Schläge unterscheiden sich voneinander. Der Stock macht eine schwungvolle Viertel- bis Halbkreisdrehung in vertikaler, horizontaler oder diagonaler Richtung und setzt so Rotationskräfte nach dem Zentrifugalprinzip frei.
Der Schlag trifft mit dem rechten oder linken Ende des Stocks, wobei die Hände am Stock entlang gleiten und je nach Schlagausführung den Stock mit Obergriff oder Schwertgriff halten.

Kurze Schläge beidhändig mit Obergriff (Abb. 305–307)

Kurze Schläge einhändig (Abb. 308)

Weitausgeholte Schläge einhändig (Abb. 309–310)

Weitausgeholte Schläge beidhändig mit Schwertgriff (Abb. 311–312).

99

Weitausgeholte Schläge beidhändig mit Schwertgriff,

zum Kopf (Abb. 313),

zur Schläfe (Abb. 314),

zum Magen (Abb. 315),

zur Kniekehle (Abb. 316).

Kombinationen

Kombinationen mit Atemitechniken (Schlagen, Stoßen)

Angriff: Gerader Faustsoß zum Gesicht.

Verteidigung: Kurzer Block vertikal von außen mit dem oberen Teil des Stocks gegen den Arm (Abb. 317), kurzer Schlag horizontal zum Solar Plexus (Abb. 318), weitausgeholter Schlag einhändig diagonal von hinten gegen die Kniekehle (Abb. 319–320).

Vielfältigkeitsprinzip: Die Kombination eignet sich z. B. weiter zur Abwehr folgender Angriffe
Florettstich zum Hals,
Rückhandschlag,
Stockschlag von innen,
Messerstich von innen.

317

319

318

320

Angriff: Gerader Fauststoß zum Gesicht.

Verteidigung: Kurzer Block vertikal von innen mit dem oberen Teil des Stocks gegen den Arm (Abb. 321)

Längsstoß zum Kehlkopf (Abb. 322) oder wahlweise zum Solar Plexus (Abb. 323).

Vielfältigkeitsprinzip: Die Kombination eignet sich z. B. weiter zur Abwehr folgender Angriffe
Ohrfeige,
Schwinger,
Stockschlag von außen,
Messerstich von außen.

Angriff: Gerader Fußtritt von vorne.

Verteidigung: Kurzer Block von außen mit dem unteren Teil des Stocks gegen das Bein (Abb. 324),

Kurzer Schlag vertikal auf den Kopf (Abb. 325).

Vielfältigkeitsprinzip: Die Kombination eignet sich z. B. weiter zur Abwehr folgender Angriffe
Gerader Fauststoß zum Magen,
Florettstich,
Schlag mit dem Stock von innen zum Rumpf.

Angriff: Gerader Fußtritt von vorne.

Verteidigung: Kurzer Block von innen vertikal mit dem unteren Teil des Stocks zum Bein (Abb. 326),

Weit ausgeholter Schlag beidhändig mit Schwertgriff vertikal oder seitlich zum Kopf (Abb. 327–328),

Alternativ, weit ausgeholter Schlag einhändig seitlich zum Kopf (Abb. 329).

Vielfältigkeitsprinzip: Die Kombination eignet sich z. B. weiter zur Abwehr folgender Angriffe
Gerader Fauststoß zum Magen,
Florettstich,
Stockschlag von innen zum Rumpf.

Angriff: Messerstich von oben.

Verteidigung: Längsstoß mit Schwertgriff zum Kehlkopf (Abb. 330),

330

dann weitausgeholter Schlag vertikal zum Handgelenk (Abb. 331–332).

Diese Art der Vorwärts-Verteidigung eignet sich immer, um einem drohenden Angriff zuvor zu kommen. Wenn die gebotene Notwehrsituation dies zuläßt, ist Angriff oft die beste Verteidigung.

331

332

Kombinationen mit Stockhebeltechniken

Angriff: Fassen des Stocks an der vorderen Hälfte.

Verteidigung: Brechen des Krafteinsatzes durch Zug oder Druck (Abb. 333),

Verdrehen des Handgelenks zur Handseit-/Handdrehhebeltechnik (Abb. 334)

und
Längsstoß zum Gesicht (Abb. 335).

Angriff: Gegenüberliegendes Handgelenk fassen und Schwinger rechts.

Verteidigung: Handkantenblock links (Abb. 336),

336

Ende des Stocks über das Handgelenk des Angreifers legen und mit Handsperrhebel am Boden festlegen (Abb. 337–338).

337

Vielfältigkeitsprinzip: Die Kombination eignet sich z. B. weiter zur Abwehr folgender Angriffe
Handgelenk diagonal fassen,
Beide Hände fassen ein Handgelenk,
Würge von vorne,
Fassen der Revers,
Ärmelfassen.

338

Angriff: Stockschlag von oben.

Verteidigung: Ausweichen nach außen und kurzer Schlag horizontal zum Solar Plexus (Abb. 339),

Fassen des Schlagarmes und Armstreckhebel zum Boden (Abb. 340),

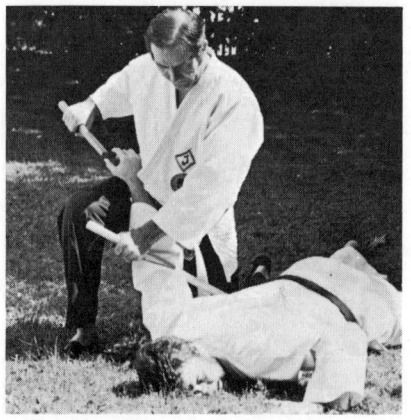

Abnehmen der Schlagwaffe (Abb. 341).

Vielfältigkeitsprinzip: Die Kombination eignet sich z. B. weiter zur Abwehr folgender Angriffe
Schlag mit langem Stock beidhändig von oben,
Messerstich von oben,
Würgegriffansatz von vorne,
Rückhandschlag,
Stockschlag von innen,
Messerstich von innen.

Angriff: Stockschlag von außen.

Verteidigung: Handkantenblock links mit Längsstoß einhändig zum Hals (Abb. 342),

Armbeugehebel (Abb. 343–344),

Festlegen am Boden und Entwaffnen (Abb. 345).

Vielfältigkeitsprinzip: Die Kombination eignet sich z. B. weiter zur Abwehr folgender Angriffe
Ohrfeige,
Schwinger,
Würgegriffansatz von vorne.

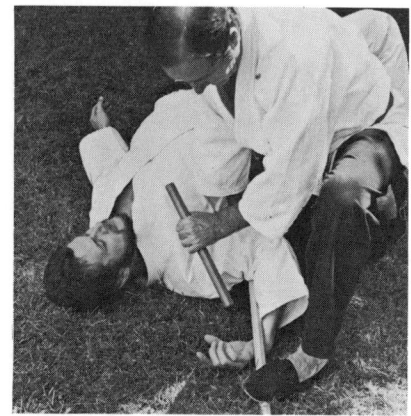

Angriff: Gerader Fußtritt von vorne.

Verteidigung: Kurzes Blocken oder Fegen von außen oder innen mit dem unteren Teil des Stocks gegen das Bein (Abb. 346),

Beinriegel im Stand mit Fußtritt vorwärts (Abb. 347),

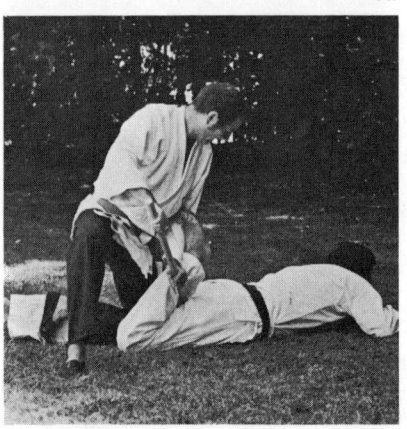

Beindrehen und Abwurf des Angreifers in Bauchlage, Beinbeugehebel als Festlegetechnik (Abb. 348).

Kombinationen mit Wurftechniken

Angriff: Beidhändiges Fassen des Stocks am vorderen Teil.

Verteidigung: Den Angreifer in seiner Bewegung beim Zufassen weiterführen und im Kreisbogen aufwärts, rückwärts abwerfen. Die Bewegung gleicht der einer zurückschlagenden Meereswelle (Abb. 349–350).

351

Angriff: Beidhändiges Fassen des Stocks am vorderen Teil.

Verteidigung: Den Zug des Angreifers am Stock nach oben weiterführen, unter den Armen den Körper schnell 180 Grad um die eigene Längsachse drehen und den Angreifer mit Schwertwurf rückwärts abwerfen
(Abb. 352–354).

352 353

354

Angriff: Beidhändiges Fassen des Stocks in der Mitte und ziehen (Abb. 355).

Verteidigung: Den Zug dicht am Körper des Angreifers vorbei nach oben weiterführen, Körperdrehung 180 Grad um die eigene Längsachse und Abwurf des Angreifers rückwärts über das zur Sperre ausgestellte Bein. Entwinden des Stocks und Längsstoß nach unten (Abb. 356–360).

355

356

357 358

359 360

361

Angriff: Stockschlag von innen.

Verteidigung: Kurzer Block von außen mit dem oberen Teil des Stocks vertikal gegen den Schlagarm (Abb. 361),

Stockwürge und Fußwurf (kleine Außensichel) (Abb. 362),

Längsstoß nach unten (Abb. 363–364).

362

Vielfältigkeitsprinzip: Die Kombination eignet sich z. B. weiter zur Abwehr folgender Angriffe
Gerader Fauststoß,
Stockschlag von oben,
Würgegriffansatz von vorne.

363   364

Angriff: Stockschlag von außen.

Verteidigung: Kurzer Block von innen mit dem oberen Teil des Stocks vertikal gegen den Schlagarm (Abb. 365),

Stockwürge (Abb. 366),

Beinwurf (Große Außensichel) (Abb. 367),

Festlegegriff im Boden und Entwaffnen (Abb. 368).

Vielfältigkeitsprinzip: Die Kombination eignet sich z. B. weiter zur Abwehr folgender Angriffe
Schwinger,
Ohrfeige,
Würge von vorne mit beiden Händen,
Würge von hinten mit beiden Händen,
Würge von vorne mit einer Hand und Schlag.

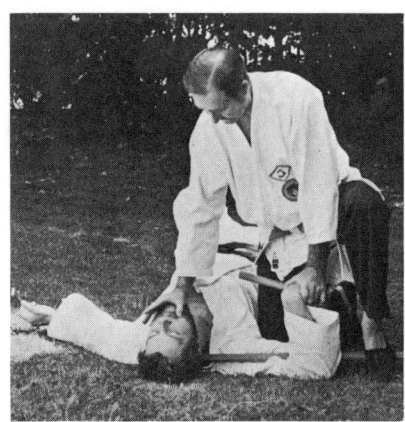

Angriff: Würge von vorne mit beiden Händen.
Verteidigung: Kurzer Schlag horizontal zum Solar Plexus (Abb. 369),
Stock zwischen die würgenden Arme schieben und Angreifer mit Körperwurf werfen (Abb. 370–371),
Stockschlag von oben (Abb. 372–373).

Vielfältigkeitsprinzip: Die Kombination eignet sich auch gegen
Fassen beider Revers,
Würge von hinten mit beiden Händen.

Angriff: Würge von hinten mit beiden Händen.

Verteidigung: Stock rückwärts unter die Achsel des Angreifers schieben (Abb. 374), Hüfte unter dessen Schwerpunkt setzen und mit Hüftwurf werfen (Abb. 375)

374

375

Weit ausgeholter einhändiger Stockschlag zum Körper (Abb. 376)

376

377

Mit umgekehrtem Armstreckhebel am Boden festlegen (Abb. 377–378).

Vielfältigkeitsprinzip: Die Kombination eignet sich z. B. weiter zur Abwehr folgender Angriffe
Stockschlag von außen,
Schwinger,
Ohrfeige (jeweils vor den Eingang zum Hüftwurf noch kurzen Block mit oberem Teil des Stocks vertikal von innen gegen den rechten Schlagarm setzen, dann linker Hüftwurf).

378

Angriff: Umklammerung von vorne unter den Armen.

Verteidigung: Seitstoß gegen den Hals (Abb. 380),

Stock um die Kniekehlen des Angreifers legen und mit Zug der Hände und Druck der Schulter den Angreifer nach hinten abwerfen (Abb. 381–382).

In Bauchlage um 180 Grad drehen und mit Beinhebel (Abb. 383)
oder Fußdrehhebel festlegen
(Abb. 384).

Vielfältigkeitsprinzip: Die Kombination eignet sich z. B. weiter zur Abwehr folgender Angriffe
Umklammerung von vorne über den Armen,
Würge von vorne mit beiden Händen,
Fassen der Revers mit beiden Händen.

379

380

381

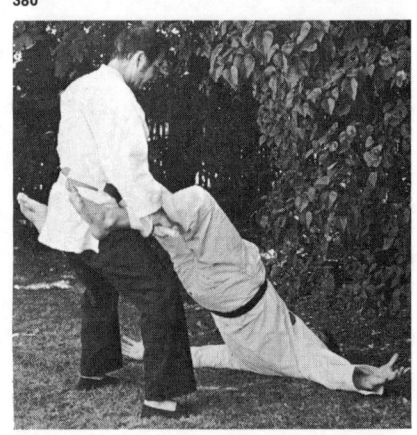
382

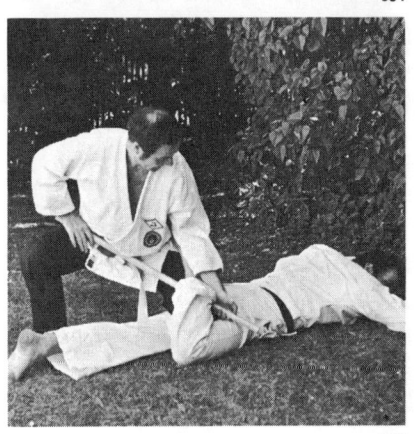
383

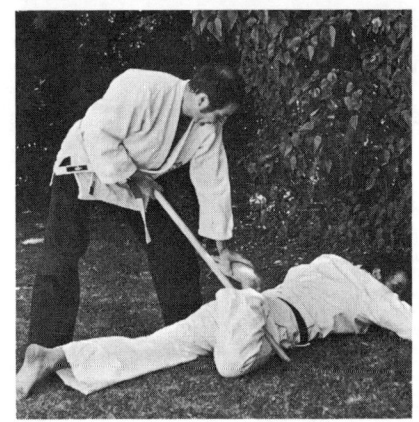
384

385

Angriff: Stockschlag von oben.

Verteidigung: Stockfegen mit dem oberen Teil des Stocks vertikal von außen gegen den Arm (Abb. 385).

Arm weiterführen im Kreisbogen nach unten und hinten (Abb. 386–387),

Stock in die Ellenbogenbeuge einschieben (Abb. 388),

zum Kreuzfesselgriff weiterdrehen (Abb. 389) und den Angreifer durch Weiterführen nach vorne abwerfen (Abb. 390).

Vielfältigkeitsprinzip: Die Kombination eignet sich z. B. weiter zur Abwehr folgender Angriffe
Stockschlag von innen,
Messerstich von oben,
Messerstich von unten.

386

387

388

389   390

Varianten
(zu Stockhaltung, Block-, Schlag- und Stoßtechniken)

Der Stock wird – im Gegensatz zu den bisher gezeigten Techniken – im Untergriff an einem Stockende gehalten und unter den Arm so eingeklemmt, daß das andere Stockende nach hinten zeigt. Die freie Hand wird schützend und abwehrbereit vor den Körper gehalten (Abb. 391).

391

Angriffe werden entweder mit der Schwerthand abgewehrt (Handfegen, Handkantenblock) und mit dem Stock gekontert oder nacheinander mit dem Stock abgewehrt (Blocken, Fegen, Ableiten) und dann gekontert.
Die mit dem Stock verstärkten Unterarmblöcke entsprechen den im Ju Jutsu gebräuchlichen Techniken, nämlich Unterarmblock nach oben, von außen, von innen, Tiefblock. Der Stock wird dabei dicht an der Kleinfingerseite gegen den Unterarm gehalten.
Zu den Kontertechniken zählen Stockstiche und Stockschläge. Die Schläge werden als Rückhandschläge (Wirbelschläge) im Handgelenk gedreht und nach allen Richtungen ausgeführt.
Die Block- und Schlagtechniken ähneln entsprechenden Techniken mit dem Nunchaku.
Zu den wichtigsten zählen:
Rückhandschläge vor dem Körper über Kreuz,
Rückhandschläge von unten nach oben,
Blocktechniken,
    nach oben,
    von außen,
    von innen,
    Tiefblock,
Stockstich einhändig.

Angriff: Messerstich von oben.

Verteidigung: Handfegen von außen (Abb. 392),

Rückhandwirbelschlag zum Kopf (Abb. 393–394).

Vielfältigkeitsprinzip: Die Kombination eignet sich z. B. weiter zur Abwehr folgender Angriffe
Stockschlag von oben,
Stockschlag von innen,
Gerader Fußtritt von vorne,
Stockschlag von außen (mit Handkantenblock von innen),
Messerstich von unten (mit Handkantenblock von oben).

Angriff: Stockschlag von oben.

Verteidigung: Unterarmblock nach oben (Abb. 395),
Rückhandwirbelschlag zum Gesicht (Abb. 396–397),

oder Einhandlängsstoß zum Hals oder Körper (Abb. 398).

Vielfältigkeitsprinzip: Die Kombination eignet sich z. B. weiter zur Abwehr folgender Angriffe
Gerader Fauststoß zum Gesicht, Messerstich von oben.

Angriff: Fußtritt von vorne.

Verteidigung: Tiefblock (Abb. 399), Rückhandwirbelschlag (Abb. 397), oder Einhandlängsstoß (Abb. 398).

Vielfältigkeitsprinzip: Die Kombination eignet sich auch gegen alle Arten von Schlägen, Stößen, Tritten mit entweder Unterarmblock nach oben oder nach unten (Tiefblock), Unterarmblock von außen oder von innen, mit nachfolgendem Rückhandwirbelschlag.

Angriff: Würgen mit beiden Händen von vorne.

Verteidigung: Handspitzenstich gegen Kehlkopf (Abb. 400),

Ausweichen rückwärts, Rückhandwirbelschlag von unten nach oben gegen den Unterleib (Abb. 401).

Vielfältigkeitsprinzip: Die Kombination eignet sich z. B. weiter zur Abwehr folgender Angriffe
Umklammerung von vorne unter und über den Armen,
Griff beider Revers,
Würge mit einer Hand und Schlag,
Gerader Fauststoß vorwärts,
Ohrfeige,
Schwinger,
Stockschlag von außen,
Messerstich von außen (jeweils mit Handkantenblock von innen).

Selbstverteidigung auf der Straße

Als Einführung zu diesem Kapitel zeigen wir Selbstverteidigungsaktionen, die von einer Frau mit dem Regenschirm ausgeführt werden. Hierbei stellt sich die Frage, inwieweit eine Selbstverteidigung der Frau überhaupt sinn- und zweckvoll ist.

Die Selbstverteidigung erfreut sich beim weiblichen Geschlecht großer Beliebtheit. Immerhin 37% der Frauen und Mädchen im Deutschen Judo-Bund e.V. betreiben Ju Jutsu. Die Diskussion über die Zweckmäßigkeit einer Selbstverteidigung der Frau hat in den letzten Jahren in Fachkreisen und bei der Polizei zu unterschiedlichen Meinungen geführt, die in den Medien verbreitet zu einiger Verwirrung geführt haben. Darum ist es angebracht, an dieser Stelle auf inzwischen vorliegende wichtige Erkenntnisse hinzuweisen.

Die Mentalität des weiblichen Wesens und das Verhalten der Frauen läßt ein Selbstverteidigungsbedürfnis erkennen.

Notlagen mobilisieren bekanntlich ungeahnte Kräfte. Diese Kräfte müssen planmäßig gesteuert und auf ein gezieltes Handeln gelenkt werden. Die gezielte Selbstverteidigung ist daher erfolgreicher als planlose Gegenwehr.

Hilfsmittel wie Sprühdosen, Gaspistolen, Alarmgeräte usw., immer wieder als der Weisheit letzter Schluß angepriesen, sind häufig bei plötzlichen Angriffen nicht greifbar oder gehen in der Aufregung nach hinten los.

Daher werden Selbstverteidigungslehrgänge für Frauen und Mädchen heute auch aus der Sicht der Polizei befürwortet und von den Landeskriminalämtern unterstützt.

Die Ausbildungs- und Prüfungsordnung Ju Jutsu gilt für Männer und Frauen gleichermaßen. Entsprechend werden den Frauen auch die gleichen Techniken zur Selbstverteidigung gelehrt, obwohl sich in der Praxis nicht alle Techniken gleich gut für Frauen eignen. Eine sorgfältige Auswahl für den persönlichen Gebrauch im Ernstfall ist daher unerläßlich.

In der Regel ist der Mann der Frau körperlich an Kraft überlegen. Der Lehrstoff für Kurzlehrgänge der praktischen Selbstverteidigung muß auf wenige, sehr wirkungsvolle Techniken beschränkt werden, die auch für Frauen in jeder Situation anwendbar sind.

So sind Schläge, Tritte, Hand- und Fingerstiche ganz gezielt gegen die empfindlichen Körperstellen zu richten. Hebeltechniken sollen vorwiegend gegen die schwächeren Gelenke des Angreifers wie Finger- und Handgelenke gerichtet werden. Wurftechniken gelingen leicht, wenn sie schnell und überraschend angesetzt werden.

Hat sich die Frau zur Selbstverteidigung entschlossen, muß sie im Ernstfall konsequent und rücksichtslos handeln, andernfalls wird sie ein Opfer ihres Mutes. Das gilt insbesondere bei Sexualtätern. Gegen Täter, die nicht aggressiv werden, ist in jedem Fall nur psychologischer Widerstand zu leisten. Erfolgt jedoch ein aggressiver Angriff, ist die gezielte und gekonnte Selbstverteidigung besser als planloses Handeln.

Darum ist die Empfehlung auch für

Frauen richtig: Erlernen Sie die Selbstverteidigung!
Eine Frau muß aber auch erkennen lernen, ob Widerstand im Extremfall noch sinnvoll ist oder lebensgefährliche Folgen haben kann. Die reale Einschätzung einer Lage ist Bestandteil einer sinnvollen Selbstverteidigung.

Verteidigung...

Verteidigung mit einem Stock gegen zwei Gegner, die gleichzeitig angreifen (Abb. 402–405).

Tips für die Praxis

Vermeiden Sie das Alleingehen auf dunklen Wegen. Nehmen Sie lieber einen Umweg in Kauf. Eine Fahrt im Taxi ist sicherer.

Gehen Sie auf einsamen Straßen oder Wegen nicht direkt an Häusern oder Buschwerk entlang, sondern auf der Mitte der Straße.

Fühlen Sie sich verfolgt, wechseln Sie die Straßenseite, um festzustellen, ob der Verdacht stimmt. Versuchen Sie in die Nähe von Passanten oder bewohnten Häusern zu kommen. Kommt der Verfolger näher, ruhig und gefaßt bleiben. Ein Angriff ist weniger gefährlich, wenn man darauf vorbereitet ist. Es ist im letzten Moment besser, sich dem Angreifer zuzuwenden, um den Angriff von vorne erkennen und entsprechend reagieren zu können.

Es ist keine Schande, um Hilfe zu rufen. Rufen und Schreien ist eine zusätzliche und wirksame Hilfsmaßnahme. Energisches Handeln und lautes Schreien wirken oft Wunder.

Bei einer Belästigung muß man den Grad der Gegenwehr der Situation anpassen. Die ungeschickte Annäherung eines jungen Mannes ist noch kein Angriff. Einige gute Worte haben hier schon manche Situation elegant gerettet.

Zur Selbstverteidigung gibt es Hilfsmittel, die von Frauen häufig mitgeführt werden und wertvolle Dienste leisten können. Zum Beispiel Handtasche und Schlüsselbund als Schlag- und Wurfwaffen; Nagelschere, Nagelfeile, Kamm mit spitzem Stiel als Reiß- und Stichwaffen; Schuhspitzen und spitze Absätze zum Treten.

Der Regenschirm ist ein besonders geeigneter Gegenstand, mit dem man sich gut verteidigen kann. Die Beispiele im folgenden Kapitel machen das deutlich.

Selbstverteidigung der Frau mit Regenschirm

Angriff: Belästigung einer Frau mit Umfassen der Taille und gewaltsamem Heranziehen (Abb. 406).

Verteidigung: Längsstoß mit Schirmgriff zum Kehlkopf und Befreiung aus der Umklammerung (Abb. 407), Hebelung des langgestreckten Arms mit Drehstreckhebel am Ellenbogengelenk (Abb. 408), Kniestoß oder Fußtritt zum Gesicht (Abb. 409).

Angriff: Würge mit beiden Händen von vorne (Abb. 410).

Verteidigung: Seitstoß mit der Mitte des Schirms horizontal von oben auf die Würgearme (Abb. 411),
dann sofort Seitstoß gegen Gesicht oder Hals (Abb. 412–413).
Der zu Boden gegangene Angreifer wird ganz außer Gefecht gesetzt mit Längsstoß gegen den Unterleib oder entsprechendem Fersenstoß (Abb. 414).

Vielfältigkeitsprinzip: Die Kombination eignet sich z. B. weiter zur Abwehr folgender Angriffe.
Umklammerung von vorne unter den Armen,
Umklammerung von vorne über den Armen.

Angriff: Würge mit beiden Händen von hinten (Abb. 415).

415

416

Verteidigung: Kinn an- und Schultern hochziehen, Halsmuskeln anspannen; so schützt man den Kehlkopf vor Verletzungen und lockert den Würgegriff. Längsstoß nach hinten gegen Solar Plexus oder den Unterleib (Abb. 416).

Schirm unter die Achsel des Angreifers stecken und Hüfte unter seinen Körperschwerpunkt setzen (Abb. 417).

417

Durch Strecken der leicht gekrümmten Beine Ausheben und mit eigener Körperdrehung diagonal um die Längsachse abwerfen (Abb. 418).

Schlag oder Stoß mit Schirm nachsetzen (Abb. 419).

Angriff: Belästigung einer Frau mit Umfassen von hinten unter den Armen (Abb. 420).

Verteidigung: Längsstoß rückwärts gegen Gesicht oder Kehlkopf und damit Lösen der Umklammerung (Abb. 421),

Schirmlängsstoß rückwärts gegen Unterleib bricht das Gleichgewicht des Angreifers nach vorne (Abb. 422–423).

Weit ausgeholter Schlag mit Schirmgriff in das Genick oder Fußtritt von vorne zum Gesicht möglich (Abb. 424–425).

420

421

423

422

425

424

Angriff: Fassen eines Handgelenks mit beiden Händen und Zug ins nahe Gebüsch (Abb. 426).

Verteidigung: Schirm über beide Handgelenke legen und im Kreuzgriff von unten fassen, Handgelenke schmerzhaft hebeln (Abb. 427),

Angreifer nach vorne aus dem Gleichgewicht bringen, Fußtritt in den Unterleib (Abb. 428–429).

Kurzer Schlag mit dem Schirm seitlich gegen den Hals, Angreifer geht zu Boden (Abb. 430).

Nachsetzen mit weitausgeholtem Schirmschlag von oben oder mit Fußtritt oder -stoß (Abb. 431).

Vielfältigkeitsprinzip: Die Kombination eignet sich z. B. weiter zur Abwehr folgender Angriffe
Fassen eines Handgelenks diagonal,
Fassen beider Handgelenke.

Selbstverteidigung mit Spazierstock gegen mehrere Angreifer

Die Selbstverteidigung ist im Ernstfall eine Nervensache. Nur wer die Technik beherrscht, sich in der Gewalt hat, ruhig und gelassen bleibt, wird in der Lage sein – mit und ohne Stock –, sich und seine Rechte erfolgreich zu verteidigen. Die nachfolgenden Beispiele zeigen Möglichkeiten, wie vielfältig Angriffe ablaufen können. In der Realität sind alle gestellten Angriffssituationen in der Reihenfolge austauschbar.

Es ist sehr wichtig, sich immer sofort nach einer Abwehraktion vom Angreifer zu lösen, so lange noch ein anderer im Gefecht ist, von dem ein Angriff erwartet werden kann (Abb. 432).

433

Angriff: 1. Angriff – Stockschlag von oben (Abb. 433),
2. Angriff – Messerstich von oben (Abb. 436).

Verteidigung: 1. Verteidigung – Stockfegen gegen die Schlagwaffe (Abb. 433–434), Längsstoß mit Stockgriff zum Gesicht (Abb. 435).
2. Verteidigung – Längsstoß mit Stockspitze zum Solar Plexus (Abb. 436).
Weit ausgeholter Stockschlag einhändig zum Kopf (Abb. 437).

434

436

435

437

Angriff: 1. Angriff – Stockschlag von oben (Abb. 438),
2. Angriff – Messerstich von oben (Abb. 443).

Verteidigung: 1. Verteidigung – Seitblock mit der Mitte des Stocks horizontal nach oben (Abb. 438–439),
Fußtritt vorwärts (Abb. 440).
Kurzer Stockschlag horizontal zum Gesicht mit Beinwurf (Große Außensichel) (Abb. 441).

2. Verteidigung – Seitstoß mit der Mitte des Stocks gleichzeitig gegen Gesicht und Sticharm (Abb. 442–443),

Fußwurf (kleine Innensichel) (Abb. 444).

Weit ausgeholter Stockschlag vertikal einhändig (445–446).

442

443

445

444

446

447

Angriff: 1. Angriff — Messerstich von oben (Abb. 447).
2. Angriff — Umklammerung von hinten unter den Armen (Abb. 449).

Verteidigung: 1. Verteidigung — Längsstoß mit der Eisenspitze zum Kehlkopf — sehr gefährlich (Abb. 448)!

448

449

2. Verteidigung – Stockstich auf den Handrücken (Abb. 450),

Beindurchzug (Abb. 451),

Fußstreck- oder -drehhebel (Abb. 452),

Festlegen am Boden und weit ausgeholter Stockschlag mit Schwertgriff (Abb. 453).

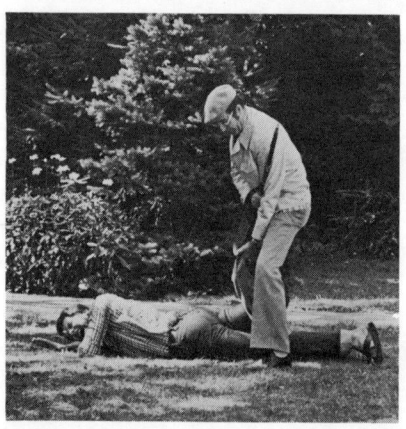

Angriff: Beide Angreifer umfassen rechts und links mit beiden Händen je ein Handgelenk und versuchen, den Überfallenen fortzuziehen (Abb. 454).

Verteidigung: 1. Verteidigung – Fußstoß seitwärts (Abb. 455–456) gegen das Kniegelenk innen,

2. Verteidigung – schmerzhafter Handsperrhebel (Abb. 457–458),

454

455 456

457 458

141

459

460

461

Angreifer wird in den Kniestand gezwungen (Abb. 459).

Gerader oder Halbkreisfußtritt zum Kopf (Abb. 460).

Kurzer Seitstoß mit dem Stock gegen den Hals des liegenden Angreifers (Abb. 461).

462

463

464

465

Angriff: Ein Passant wird um Feuer gebeten und soll dann zusammengeschlagen werden. Der Angriff beginnt, sobald der Passant das Feuerzeug wieder in die Tasche steckt und daher nur eine Hand frei hat (Abb. 462).

1. Angriff – Schwinger zum Kopf (Abb. 463).

2. Angriff – Umklammerung von hinten und wegziehen (Abb. 466).

Verteidigung: 1. Verteidigung – Unterarmblock gegen Schlagarm (Abb. 464), Faustrückenschlag zum Gesicht (Abb. 465),

466

Stockschlag vertikal von unten nach oben gegen den Unterleib (Abb. 466–467).

Gerader Fußtritt nach vorne (Abb. 468).

467

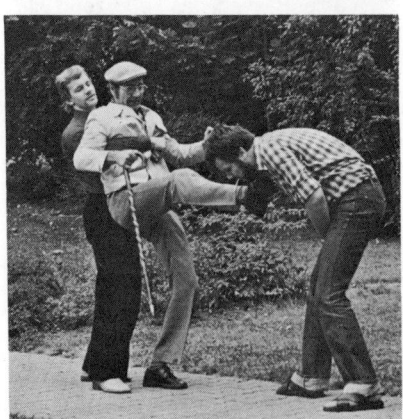

468

2. Verteidigung – Nierenpresse mit dem Stock (Abb. 469),

Hüftrad (Abb. 470–471),

Weit ausgeholter Stockschlag vertikal mit Schwertgriff (Abb. 472–473).

469

470

471

472 473

145

Angriff: 1. Angriff – von außen diagonaler Messerschnitt über das Gesicht (Abb. 474).

2. Angriff – Schwungschlag mit Eisenkette horizontal zum Gesicht (Abb. 478).

Verteidigung: 1. Verteidigung – Hineingehen in den Angreifer und Abwehr des Messerarms mit Handkantenblock (Abb. 475),

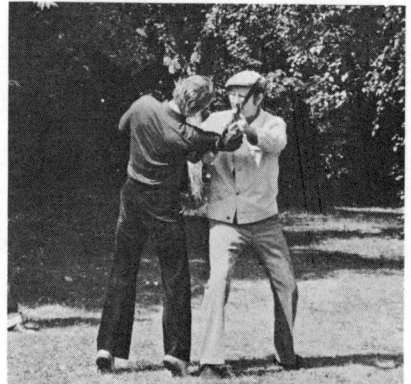

Armbeugehebel im Stand und Durchreißen des Hebels mit Bruch oder schwerer Überdehnung des Ellenbogengelenkes, Abwurf des Angreifers (Abb. 476–477).

2. Verteidigung – Kettenschlag mit Vertikalstockhaltung abfangen, Längsstoß zum Hals (Abb. 478–480), Fußtritt in den Unterleib (Abb. 481).

Weit ausgeholter Stockschlag einhändig, horizontal zum Gesicht (Abb. 482–483).

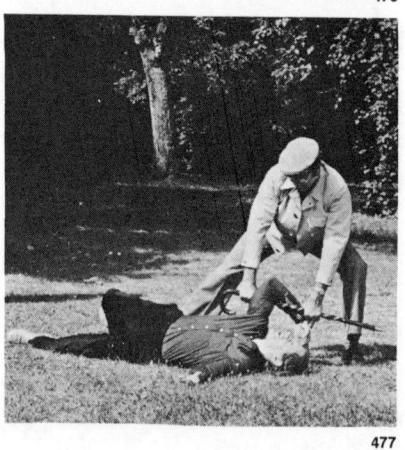

478

481

479

482

480

483

484

485

486

Angriff: 1. Angriff – Würge von hinten mit einer Eisenkette (Abb. 484).

2. Angriff – Stockschlag von außen (Abb. 487).

Verteidigung: 1. Verteidigung – Kinn an- und Schultern hochziehen, Halsmuskeln spannen (Abb. 484),

Körperdrehung um 180 Grad nach außen und Eingang für Beinwurf (Große Außensichel), Seitstoß mit einem Ende des Stocks gegen den Hals und Abwurf des Angreifers (Abb. 485–486).

2. Verteidigung – Vertikalblock mit dem oberen Teil des Stocks gegen den Schlagarm (Abb. 487–488),

Stock unter die Achsel drehen und Abwurf mit linkem Hüftwurf (Abb. 489–490),

weit ausgeholter Stockschlag vertikal mit Schwertgriff (Abb. 491–492).

487 488

489 490

491 492

Übungskampf (Randori)

Im Übungs- und Trainingsplan (ÜTP) für Ju Jutsu (siehe auch Band 2, »Ju Jutsu für Fortgeschrittene und Meister«, Seite 147) ist die 4. Gruppe der Perfektionsschulung in verschiedene Stufen unterteilt. Bis zur 5. Stufe geht es um das Üben oder Trainieren (mit Leistungsbedingungen) einer oder mehrerer Techniken (Kombinationen) mit einem Partner, der sich bei angesagten Angriffen verabredungsgemäß verhält.
In der 6. Stufe greift der Partner frei an, verhält sich aber im Verlaufe der Abwehrkombinationen immer noch verabredungsgemäß. Das heißt, er paßt sich den vorgeplanten, sinnvollen Kombinationen von Abwehrtechniken des Verteidigers an.
Erst die 7. Stufe fordert das wechselseitige, freie Angreifen und Verteidigen in der Form des japanischen Randori. Hier sollen die Abwehr- und Angriffstechniken gegen den leichten Widerstand des Partners durchgesetzt werden. Wenn der Partner nicht mehr locker mitgeht (wie in den Stufen davor) und sich stattdessen leicht sperrt oder sich mit Gegenbewegungen und -aktionen verteidigt, bringt nur noch eine gut ausgeführte Technik den gewünschten Erfolg. Das Zeit- und Distanzgefühl spielen jetzt eine ebenso wichtige Rolle wie die bekannten Energie- und Bewegungsprinzipien. Jetzt bringen wir auch die Weiterführungstechniken ins Spiel, die die Gegenbewegung des Partners ausnutzen. Der Partner seinerseits versucht locker, eine schwache Technik durch eine Gegentechnik zu kontern. Aus den Aktionen und Gegenaktionen entsteht der Übungskampf, der zu größerer Griff- und Kombinationssicherheit, dem richtigen Bewegungsfluß, sowie verbesserter Reaktion und Kondition hinführt. *Auf keinen Fall darf mit letzter Kraft gegeneinander angegangen werden. Das bleibt dem freien Kampf vorbehalten. Beim Randori dagegen sollte uns die erfolgreiche Technik des Partners genau so erfreuen, wie die eigene.*

Diese Übung als eine Vorstufe zum Freikampf und Ju-Jutsu-Wettkampf kann erst sinnvoll praktiziert werden, wenn auch die Weiterführungs- und Gegentechniken beherrscht werden. Ist dies nicht der Fall, bleibt es bei technischen Versuchen, die von der anderen Seite mit mehr oder weniger Gewalt abgeblockt werden, ohne hieraus selbst einen technischen Nutzen ziehen zu können.

Die nachfolgenden Beispiele zeigen, wie die Techniken angesetzt, durch Gegenbewegungen gestört, mit Weiterführungstechniken vollendet oder mit Gegentechniken gekontert werden. Solche Bewegungsabläufe sollen sich im Randori frei entwickeln. Hierbei den Partner zu täuschen, zu überlisten oder zu kontern und ihn durch die Bestimmung des Tempos konditionell zu ermatten, sind erlaubte Mittel, die das Randori zu einer besonders interessanten Übungs- und Trainingsform machen.

Bis zum Freikampf — als eine Form des wettkampfmäßigen Übens gedacht — ist es jetzt kein weiter Weg mehr. Der Widerstand muß von jeder Seite langsam verstärkt werden und findet seinen

Höhepunkt im optimalen Kräftevergleich. *Fingerhebel und Fingerstiche sind zu unterlassen, da sie bei Widerstand leicht zu Verletzungen führen können. Alle Techniken dürfen nur mit kontrolliertem Kontakt ausgeführt werden, wie das im Kapitel »Freie Abwehr mehrerer Angreifer« ausführlich beschrieben ist.*

Die folgenden Fotos sind während eines Dan-Vorbereitungslehrgangs im November 1978 in Wiesbaden aufgenommen worden.

Randori I

Angriff von 1: Schlag mit kurzem Stock einhändig von oben (Abb. 493).

Verteidigung von 2: Schrittdrehung nach außen mit Unterarm-/Handfegen (Abb. 494).

Rückriß im Ansatz (Abb. 495).

Gegenbewegung von 1: Schritt rechts rückwärts zur Wahrung und Stabilisierung des Gleichgewichts (Abb. 496). Gegenangriff von 1: Stockschlag von innen mit Körperdrehung nach hinten (Abb. 497).

Verteidigung und Gegentechnik von 2: Unterarmblock von innen (Abb. 497) und Doppelhandsichel von hinten mit Übergang zum Beinbeugehebel im Boden und anschließendem Armbeugehebel mit Aufhebegriff (Abb. 498–503).

501

502

503

Randori II

Angriff von 1: Schwinger rechts zum Kopf (Abb. 504).
Verteidigung von 2: Schulterwurf (Abb. 505–506).

Gegentechnik von 1: Fußtritt aus der Bodenlage rückwärts zum Kopf (Abb. 507).

504

505

508

509

Verteidigung von 2: Handkantenblock und anschließend Beinriegel (Abb. 507–509).

Gegentechnik von 1: Fersenrückwurf mit Nachgehen in der Bodenlage zum Fauststoß (Abb. 510–511).

506

507

510

511

512   513

516   517

Gegentechnik von 2: Handfegen aus der Rückenlage, Seitstreckhebel (Abb. 512–514).

Gegentechnik von 1: Arm krümmen, Körper nachziehen, Befreiung aus Seitstreckhebel und Übergang zum Stand (Abb. 515–517).

Weiterführungstechnik von 1: Armstreckhebel am Boden mit Festlegen in Bauchlage (Abb. 518–520).

514

515

518

519

520

157

Freikampf
Freie Abwehr mehrerer Angreifer

Diese Art von Freikampf steht im Übungs- und Trainingsplan (ÜTP) für Ju Jutsu bei der Gruppe Perfektionsschulung an letzter Stelle. Es ist der schwierigste Teil des Prüfungsprogrammes für Dan-Grade. Die freie Abwehr eines frei angreifenden Gegners wird bereits ab 3. Kyugrad verlangt. Ersatzweise kann seit 1. Januar 87 ein Übungskampf nach den Ju-Jutsu-Wettkampfregeln gezeigt werden. Die Abwehr bewaffneter Angreifer bleibt hiervon unberührt.

Ausführlich wurde die »freie Abwehr mehrerer Angreifer« im Band 2 »Ju Jutsu für Fortgeschrittene und Meister« unter dem Gesichtspunkt der realitätsbezogenen Selbstverteidigung im Ernstfall behandelt. Die gleichen Gesichtspunkte gelten – neben sportlichen – selbstverständlich auch für den Freikampf im Prüfungsprogramm. Der Prüfling hat nachzuweisen, daß er im Ernstfall mindestens zwei Angreifer wirkungsvoll abwehren kann. Das muß gut geübt und trainiert werden.

Der Freikampf setzt neben dem technischen Können eine gute Kondition voraus. Um Verletzungen zu vermeiden, tragen die Angreifer zumindest einen Brustschutz; ein Kopfschutz ist nicht verboten.

Die Angriffe sind in drei Gruppen zu trennen:

Kontaktangriffe: Die Abwehr darf erst beginnen, wenn die Angreifer mit Fassen, Würgen oder Umklammern Kontakt zum Verteidiger genommen haben.

Angriffe ohne Kontakt und ohne Waffen: Der Verteidiger wird mit Treten, Schlagen, Stoßen attackiert.

Angriffe ohne Kontakt mit Waffen: Der Verteidiger kann sich erfolgreich wehren, indem er einen Angreifer entwaffnet und diesen mit der Waffe zur Abschreckung der anderen in Schach hält (Messer z. B. beim Kreuzfesselgriff von hinten an den Hals setzen) oder mit einer abgewehrten und entwendeten Schußwaffe alle Angreifer abhält.

Zu bewerten sind bei der Abwehr: Kampfgerechtes Verhalten (Übersicht, Raumeinteilung, flüssige Bewegungen, Distanzbeherrschung, richtiges Zeitgefühl, Timing) und erfolgreiche Abwehr mit sauberen Techniken. Eine erfolgreiche Abwehr muß bestimmte Kriterien erfüllen. Atemi (Schläge, Tritte, Stöße) müssen gegen gefährdete Punkte am Körper gerichtet sein und soviel Energie erkennen lassen, daß damit im Ernstfall ein Angreifer außer Gefecht gesetzt werden würde.

Vor den ungeschützten Körperstellen sind solche Atemi abzustoppen, bei den geschützten Körperteilen (Brustpanzer) ist ein kontrollierter Kontakt mit spürbarer Wirkung notwendig. Würfe zählen als erfolgreich, wenn sie den Angreifer voll von den Beinen und mit dem ganzen Körper zu Fall bringen (Schulterwurf, Hüftwurf). Bei den sogenannten kleinen Würfen (Fußfeger, Sicheltechniken) wird sicherheitshalber eine Atemitechnik nachgesetzt, um zu einem vollen Kampfpunkt zu kommen. Bei Hebeltechniken ist der Bruch eines Gelenkes während des Bewegungsablaufes der Technik an geeigneter Stelle durch demonstrative Gestik stets anzudeuten.

Als Fehler zählen: Eigene Gefährdung, indem der Verteidiger durch Schlag, Tritt, Stoß entscheidend getroffen oder selbst geworfen wird oder sich aus einem Würge-, Halte-, Klammer- oder Scherengriff nicht schnell genug befreien kann.

Die Prüfungskommission fungiert als Kampfgericht. Ein Prüfer übernimmt als Kampfrichter die Leitung auf der Matte. Die Angreifer haben den Verteidiger nacheinander mit pausenlosen Angriffen so lange zu bedrängen, bis sie mit gut erkennbaren und wirkungsvollen Abwehrtechniken im beschriebenen Sinne vom Kampfrichter nacheinander ausgezählt worden sind. Zeitweise sollen die Angreifer auf Anweisung des Kampfrichters gleichzeitig angreifen.

Die jeweils vom Kampfrichter neu formierten Gruppen kämpfen mehrere Durchgänge hintereinander über eine Gesamtkampfzeit von 3–6 Minuten, je nach Alter des Prüflings. Damit wird gleichzeitig die konditionelle Verfassung des Prüflings auf eine harte Probe gestellt.

Die Angriffe haben frei, zielstrebig und mit konsequentem Vorsatz zu erfolgen. Der Abwehr ist allerdings kein Widerstand entgegenzusetzen. Wie im Ernstfall wird unterstellt, daß dem geschulten Verteidiger für seine blitzschnellen Abwehrkombinationen der Vorteil des Überraschungseffektes zufällt.

Nach einer solchen Abwehraktion sollten die Angreifer kampfunfähig sein, denn bei einer notwendigen Wiederholung entfällt der Überraschungseffekt. Erkennbar muß der Verteidiger zeigen, daß er auf die verschiedenartigen Angriffe schnell reagieren und sinnvolle Abwehrtechniken anbringen kann. Klammerangriffe muß er aus dem Kontakt heraus genau so sicher abwehren können wie Schläge, Tritte, Stöße sowie Angriffe mit Schlag- und Hiebwaffen aus der jeweiligen richtigen Distanz.

Es liegt an der Prüfungskommission, ob dieser Teil der Prüfung zu einem echten Leistungstest wird. Sie darf einen Angreifer daher erst auszählen, wenn er im Freikampf mit einer einwandfreien Technik abgewehrt wurde, die auch im Ernstfall den Angriff gestoppt und den Angreifer zumindest für kurze Zeit außer Gefecht gesetzt hätte.

Analog sind Bewertungskriterien aus den bekannten Wettkampfregeln des Judo und Karate anzuwenden. Solange der Angreifer nicht ausgezählt ist, setzt er seine Angriffe in der Gruppe fort, bis der Kampfrichter den Freikampf nach Zeitablauf beendet. Kommt keine entscheidend bewertbare Aktion zustande, kann das zu einer kräftezehrenden Strapaze für den Verteidiger werden, der sich dann pausenlos verteidigen muß. Die Prüfungskommission hat aber auch darauf zu achten, daß dieser Prüfungsteil durch ein gewisses Wohlverhalten der Angreifer nicht zur Farce wird und den realistischen Wert als Selbstverteidigung in Frage stellt. Nur im Kampf kann man realistisch trainieren und Erfahrung sammeln. Diese Art des wettkampfmäßigen Trainings wird mit den heutigen Sicherheitsausrüstungen jedem möglich gemacht, der eine Selbstverteidigung ernsthaft erlernen will. Lernen heißt, stets und ständig die eigenen Qualitäten und Mängel im Kampf neu entdecken. Die Budosportarten zeigen hierfür den Weg, und im Ju Jutsu führt dieser Weg zu einer guten Selbstverteidigung.

Die nachfolgenden Fotos wurden während eines Dan-Vorbereitungslehrganges im November und während einer Dan-Prüfung im Dezember 1978 in Wiesbaden aufgenommen.

Abwehr von zwei Angreifern

Abwehr durch Körperrückstoß (Abb. 521),

Variante eines Schulterwurfes (Abb. 522),

Festlegen durch Beinriegel (Abb. 523).

521

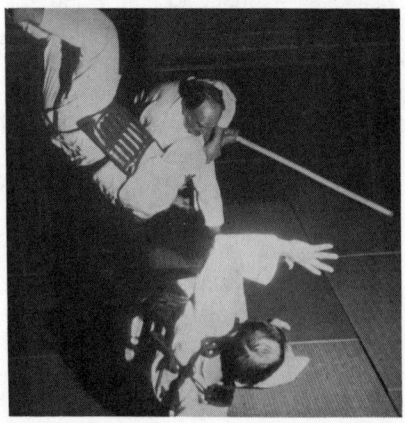

522 523

Der Angriff des ersten Gegners wird durch Fußstoß gestoppt (Abb. 524–525).

524

525

Jetzt kann sich der Verteidiger voll dem zweiten Angreifer zuwenden (Abb. 526).

526

527 528

529 530

531 532

Der erste Angreifer umklammert von hinten. Abwehr des zweiten Gegners durch Fußstoß vorwärts und danach den ersten durch Hüftwurf werfen (Abb. 527–528).
Angriff durch Umklammerung über den Armen (Abb. 529)
Abwehr durch Hüftwurf (Abb. 530).
Der zweite Angreifer will den Kopf umklammern – durchtauchen, mit Kleiner Außensichel werfen (Abb. 531–532).

533

Der Stockschlag wird durch Fußstoß seitwärts abgewehrt (Abb. 533) und der Angriff des zweiten Gegners mit der Kette durch einen Halbkreisfußtritt gestoppt (Abb. 534). Der erste Gegner greift wieder an und wird mit einem Hüftwurf zu Boden gebracht (Abb. 535). Einem weiteren Angriff mit der Kette wird durch einen Kopfwurf begegnet, der, in die Richtung des bereits liegenden Angreifers geworfen, diesen am erneuten Aufstehen hindert. Somit ist genügend Zeit, sich selber wieder zu erheben (Abb. 536).

534

535   536

Spezialtechniken

Beispiele bekannter Ju Jutsu-Meister, Dan-Träger, Bundes- und Landestrainer

Um beim Ju Jutsu optimale Erfolge zu erreichen, sollte ein wichtiger Grundsatz beachtet werden: Jede Verteidigungshandlung ist in einer Kombination mehrerer Einzeltechniken auszuführen. Jede Selbstverteidigungstechnik (SVT) wird zuerst als Bewegungsübung gegen möglichst viele Angriffsarten praktiziert, um alle bei der Anwendung dieser Technik vorkommenden Bewegungsabläufe kennen und beherrschen zu lernen. Als zusätzliche Wirkungssteigerung kommt dann die Kombination hinzu, die sich entsprechend der im Training vielfältig zu simulierenden Ernstfallsituationen den tatsächlichen und sehr unterschiedlichen Gegebenheiten eines Angriffs anzupassen hat.

Alle Selbstverteidigungstechniken nach diesem Prinzip zu üben bedeutet, daß der Schüler bis zum Dan-Grad ein sehr bedeutendes Repertoire von Anwendungsmöglichkeiten beherrscht, wenn man die Zahl der Selbstverteidigungstechniken mit den jeweils möglichen Angriffsarten und Kombinationsformen multipliziert. Hieraus ergibt sich einmal der Nutzen des Ju Jutsu als umfassende Selbstverteidigung mit »harten« und »weichen« Mitteln, aber auch ein Zielprogramm, das Sport im allgemeinen und Sport im besonderen bedeutet. Sport im besonderen, weil er vielseitige körperliche und geistige Anforderungen stellt, leichte und schwierige Lernprozesse sowie Trainings- und Leistungseffekte einschließt und ein ausgeprägtes Bewegungsgefühl vermittelt, um die Selbstverteidigungstechnik ökonomisch gegen die unterschiedlichen Angriffsarten anwenden zu können. Diese Geistes-, Körper- und Technikschulung ist eine umfassende Grundlagenausbildung des Ju Jutsuka, auf der die *persönliche Spezialisierung* basiert.

Wie sich in anderen Budo-Kampfsportarten auch die erfolgreichen Kämpfer in der Regel auf eine kleine Auswahl von Techniken beschränken, die sie aus dem umfangreichen Ausbildungs- und Prüfungsprogramm als Spezialtechniken herausgearbeitet und für sich maßgeschneidert haben, so entwickelt auch der Ju Jutsuka auf der Basis des im Vielfältigkeitsprinzip vermittelten Ausbildungsstoffes seine Spezialtechniken und Spezialkombinationen für den Ernstfall.

Spezialisieren heißt die Techniken auswählen, die man genau kennt und für seine Person unter Berücksichtigung persönlicher Eigenarten (Größe, Gewicht, Temperament, Beweglichkeit, Mentalität, Kraft usw.) für am besten geeignet hält, in möglichst vielen Situationen erfolgreich zur Selbstverteidigung anwenden zu können. Dieser Entwicklungsprozeß setzt voraus, daß der Ju Jutsuka zuvor – wie es die Programme vorschreiben – alle Techniken studiert,

um aus der Praxis feststellen zu können, welche für ihn geeignet sind. Durch welche Voraussetzungen wird die immer erfolgreiche Anwendung einer Spezialkombination gegen viele Angriffsarten möglich?
Der Verteidiger muß sich selbst und den Angreifer in eine zur Abwehr des Angriffes günstige Körperposition bringen. Das geschieht durch eine oder mehrere reaktionsschnelle Aktionen, wie Ausweichen, Blocken, Schocken, Gleichgewichtbrechen (durch Zug, Druck oder Kreisbewegung) oder Grifflösen. Dieses Schaffen von günstigen Voraussetzungen und die Einleitung der Abwehrhandlung gehen flüssig ineinander über, sie gehören praktisch zusammen. Das Kombinationsprinzip des Ju Jutsu wurde in den Bänden 1 und 2 eingehend in Wort und Bild behandelt.

Nachfolgend stellen wir Spezialtechniken und -kombinationen von bekannten Meistern und Bundes- und Landestrainern vor.

Spezialkombination

von *Prof. Dr. Klaus-Jürgen Schulze,* 6. Dan Judo, 5. Dan Ju Jutsu, Präsident des Deutschen Judo-Bundes e. V., Vizepräsident und Generalsekretär der European Ju-Jutsu-Federation (EJJU)

Scherensprung (Abb. 537–539),

537

538

539

Handballenstoß zum Gesicht (Abb. 540), Übergang am Boden zum Armbeugehebel rechts (mit dem Bein gehebelt) (Abb. 541–543), Festlegen mit Armbeugehebel links (mit dem Arm gehebelt) (Abb. 544–545) zum beiderseitigen Armbeugehebel am Boden mit Fauststoßansatz zum Gesicht (Abb. 546).

543

540

544

541

545

542

546

Diese Spezialkombination kann nach dem Vielfältigkeitsprinzip z. B. ausgeführt werden gegen:
Geraden Fauststoß,
Rückhandschlag,
Stockschlag von oben,
Stockschlag von innen,
Würge von der Seite.

548

Handfegen von außen (Abb. 547) und weiterführen des Schlagarms in Kreisbewegung (Abb. 548–550),

549

547   550

Schulterwurf (Abb. 551–553), Abnehmen des langen Schlagstockes (Abb. 554), Festlegen am Boden durch Armstreckhebel mit dem Stock (Abb. 555–557).

Nach dem Vielfältigkeitsprinzip ausführbar gegen:
Schlag mit dem langen Stock beidhändig von oben, von außen, von innen
Ärmel fassen
Griff in die Revers beidhändig
Körperumklammerung von hinten unter den Armen
Würge von vorne, eine Hand und Schlag
Würge von vorne, beide Hände
Würge von hinten mit dem Unterarm
Ohrfeige
Schwinger (jeweils ohne Abnehmen des Stocks und mit Festlegen durch Handdrehbeugel, Kreuzfesselgriff oder Armstreckhebel am Boden).

551

552

553

554

555

556

557

169

Spezialkombinationen mit dem Stock

von *Vlado Schmidt,* Stuttgart, 5. Dan Ju Jutsu, ehemaliger Sachbearbeiter für Schulung und Technik der Bundesgruppe Ju Jutsu im Deutschen Dan-Kollegium, langjähriger Spezialist für Stocktechniken und Nunchaku-Kampf

Abwehr eines Messerstiches von innen.
Ausweichen, einhändiger Stockschlag (Block) gegen den angreifenden Messerarm — Messer fällt! — (Abb. 558).
Einhändiger Stockschlag gegen Gesicht und Hals (Abb. 559),
Genickzug mit Stockgriff (Abb. 560),
Gerader Fauststoß zum Gesicht (Abb. 561).

Vielfältigkeitsprinzip:
Die Kombination eignet sich zur Abwehr von Schlägerangriffen und allen Angriffen mit Schlag- und Stichwaffe.

558

559

560

561

Abwehr eines geraden Fauststoßes.

Ausweichen und Stockschlag beidhändig unter die Achselhöhle (Abb. 562),

Drehstreckhebel (Abb. 563),

Weiterführen zum Kreuzfesselgriff (Abb. 564).

Vielfältigkeitsprinzip:
Die Kombination eignet sich zur Abwehr von Schlag-, Stoß-, Klammer- und Würgeangriffen.

Abwehr eines geraden Fauststoßes.

Ausweichen und Stockschlag beidhändig unter die Achselhöhle (Abb. 565),

Armstreckhebel (Abb. 566) und Abwurf mit Rolle nach vorne (Abb. 567).

Vielfältigkeitsprinzip:
Die Kombination eignet sich zur Abwehr von Schlag-, Stoß-, Klammer- und Würgeangriffen.

Abwehr eines geraden Messerstiches von vorne — Florettstich (Abb. 568). Ausweichen und einhändiger Stockschlag (Block) gegen den angreifenden Messerarm — Messer fällt! — (Abb. 568),

Stockschlag vor den Hals (Abb. 569) und
Weiterführen zur Stockwürge von hinten (Abb. 570).

Vielfältigkeitsprinzip:
Die Kombination eignet sich zur Abwehr von
Griffansätze von vorn,
Rückhandschlag,
Fußtritt vorwärts,
Stockschlag von oben (eine Hand mit kurzem Stock),
Stockschlag von oben (beidhändig mit langem Stock),
Stockschlag von innen,
Stockstich.

Spezialkombinationen

von *Kriminalhauptkommissar Adolf Klug,* Wiesbaden, 6. Dan Ju Jutsu, 1. Dan Judo, Lehrer für Selbstverteidigung im Bundeskriminalamt, Prüfungsbeauftragter der DDK-Fachgruppe Ju Jutsu Hessen

Armstreckhebel über die Schulter in Verbindung mit Fußtritt und Handballenstoß
gegen Fassen beider Handgelenke (Abb. 571–573),

gegen Messerstich von vorne — Florettstich — (Abb. 574–576),

574

575

576

577

gegen Schlag mit der Stahlrute von innen (Abb. 577–578),

578

gegen Stockschlag von außen (Abb. 579–580).

Nach dem Vielfältigkeitsprinzip weiterhin ausführbar z. B. gegen:
Handfassen,
Revers fassen,
Würge von vorne, eine Hand und Schlag,
Würge von vorne mit beiden Händen,
Ohrfeige,
Rückhandschlag,
Stockschlag von oben, eine Hand.

579 580

Spezialtechniken

von *Diplom-Sportlehrer Erich Reinhardt,* 6. Dan Ju Jutsu, 3. Dan Karate, 4. Dan Judo, Sachbearbeiter für Schulung und Technik der DDK-Bundesgruppe Ju Jutsu, langjähriger Sachbearbeiter für Schulung und Technik in der DDK-Fachgruppe Ju Jutsu Hessen, Beauftragter für die Lehrerausbildung in der DJB-Sektion/DDK-Bundesgruppe Ju-Jutsu, Sportlehrer an der Landespolizeischule Wiesbaden

Fußstoß seitwärts im Sprung (Abb. 581), gegen freie Angriffe z. B. Schlägerangriff, Stockschläge von oben und von außen, Angriffe mit gefährlichen Gegenständen.

Fußstoß vorwärts – angesprungen – (Abb. 582), gegen freie Angriffe, z. B. Stockschlag von oben und von außen, Schlägerangriff, Angriffe mit gefährlichen Gegenständen.

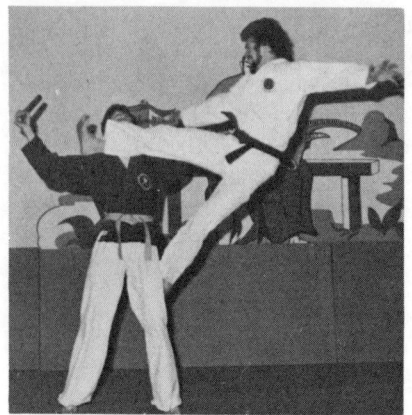

Scherenwurf – Sprungschere – (Abb. 583), gegen Angriffe, die noch im Ansatz sind, z. B. Stockschlag von oben und von außen, Schlägerangriff, Angriff mit gefährlichen Gegenständen.

Doppelfußstoß im Sprung (Abb. 584), gegen *einen* Angreifer mit Schlägerangriff, Angriff mit gefährlichen Gegenständen.

Doppelfußstoß im Sprung (Abb. 585), gegen *zwei* Angreifer mit Schlägerangriff, Angriff mit gefährlichen Gegenständen.

Anmerkung: Der Verteidiger muß für den Fall, daß er nach dem Doppelfußstoß im Sprung nicht wieder auf die Beine kommt, eine hervorragende Falltechnik beherrschen, die ihn auch auf hartem Boden vor Schaden bewahrt!

Spezialtechniken

von *Werner Heim,* Wiesbaden, 6. Dan Ju Jutsu, 3. Dan Judo, 1. Dan Karate, 1. Dan Hanbo-Jitsu, Ehrenvorsitzender der DDK-Fachgruppe Ju Jutsu Hessen, ehemaliger Vorsitzender der DDK-Bundesgruppe Ju Jutsu

Große Innensichel mit Handballenstoß (Abb. 586–587), gegen Halbkreisfußtritt, auch gegen Fußtritt von vorne und gegen Fußstoß von der Seite.

Beinrückzug mit Handfegen und Fußfeger (Abb. 588), gegen Fußtritt von vorne und kombinierten Fußtritt von vorne/gerader Fauststoß

Kipphandhebel (Abb. 589), gegen Handfassen, Handgelenke fassen, Würge von vorne/beide Hände, Würge von vorne/eine Hand und Schlag, Würge von hinten/beide Hände, Gerader Faußstoß, Rückhandschlag, Stockschlag von oben/eine Hand, Stockschlag von innen, Stockschlag von oben beidhändig, Stockstich, Messerstich von oben/unten/innen/vorne, Pistolenangriff von vorne.

Schulterwurf mit Doppelarmfassung (Abb. 590), gegen Stockschlag beidhändig von oben und von außen, Würge mit beiden Händen von vorne und von hinten.

Spezialtechniken

von *Franz Josef Gresch,* 6. Dan Ju Jutsu, 4. Dan Judo, ehemaliger Landessportwart und Kampfrichterobmann im Hessischen Judo-Verband, langjähriger Bundeskampfrichter im DJB und Sachbearbeiter für das Prüfungswesen der Bundesgruppe Ju Jutsu im DDK, Vorsitzender der DDK-Bundesgruppe Ju Jutsu

Körperwurf (Abb. 591–592), gegen einen Stockangriff, Schlag von außen, auch gegen Ohrfeige, Schwinger, Würge von vorn, Würge von hinten, Griff zum Revers.

591

592

Große Innensichel gegen Fußtritt (Abb. 593–594), gegen Stockschlag von außen (Abb. 595–596), auch gegen Körperumklammerung von vorn unter den Armen, Ohrfeige, Messerstich von außen.

593

594

595 596

Kleine Innensichel (Abb. 597), gegen Stockschlag von außen, auch gegen Ohrfeige, Körperumklammerung von vorn unter den Armen, Körperumklammerung von hinten über den Armen.

Schulterwurf-Variation aus einem Armbeugehebel – (Abb. 598), gegen geraden Fauststoß, Stockschlag von oben.

Spezialtechniken

von *Peter Nehls,* 6. Dan Ju Jutsu, DJB-Bundestrainer der Sektion Ju Jutsu, Technischer Direktor der European Ju-Jitsu-Federation (EJJF), Vorsitzender der Sektion Ju Jutsu im Deutschen Judo-Bund e.V. und ehemaliger Vorsitzender der Bundesgruppe Ju Jutsu im Deutschen Dan-Kollegium e.V.

Fingerstich gegen Florettstich (Abb. 599), hier mit Ausweichen nach außen und Handfegen.
Diese gefährliche Technik eignet sich nach dem Grundsatz der Verhältnismäßigkeit der Mittel noch besonders gegen: Messerstiche von oben/unten/-außen, Pistolenangriffen, von vorne nah und hinten nah, lebensgefährliche Würgeangriffe, insbesondere in der Bodenlage für Frauen.

Fauststoß gegen Fassen beider Revers (Abb. 600), hier mit Körperabdrehen, Unterarmblock von außen und gewaltigem Kiai.
Peter Nehls bekannter Fauststoß ist so schnell, daß man ihn nicht kommen sieht. Er ist eine Grundtechnik des 5. Kyu-Grades und eignet sich gegen 32 verschiedene Angriffsarten des Ausbildungsprogrammes.

Armstreckhebel zum Boden (Abb. 601), hier in einer Variante über das Bein des am Boden festgelegten Angreifers.
Diese sogenannte »weiche« Technik ist anwendbar gegen alle Arten von Klammerangriffen, Würgen, Schlägen, Angriffe mit Stock, Messer und Pistole.

Handsperrhebel als Festlege- oder Aufhebegriff in/aus der Bodenlage (Abb. 602).
Die Technik wird weiter bevorzugt angewendet gegen Handfassen, Griff in die Revers von vorne/beidhändig, Würgen mit beiden Händen von vorne, Griff in die Haare von vorne und von hinten, Griff zur Brust von vorne und hinten sowie über die Schulter und unter der Achsel hindurch.

599 600

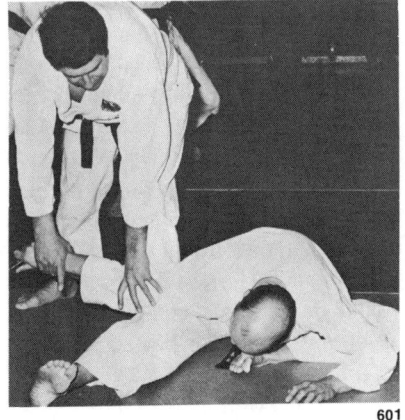 

601 602

Ju Jutsu – Aspekte
– Eine notwendige Betrachtung –

1968 war die Geburtsstunde des neuen, modernen Ju Jutsu. Nach wie vor gelten seine wesentlichen System-Inhalte:
- Selbstverteidigung nach den Budo-Prinzipien,
- Ausbildungs- und Prüfungsprogramm nach Verteidigungstechniken zusammengestellt,
- gleichrangige Elemente als »harte« und »weiche« Mittel (Techniken),
- moderne Bewegungs- und Energieprinzipien mit Vielfältigkeits- und Kombinationsprinzip,
- Grundsatz der Verhältnismäßigkeit der Mittel,
- sowie Perfektionsschulung und Konditionstraining.

Mehr als zehn Jahre sind inzwischen vergangen, in denen viele neue »Schwarzgurte« (Ju Jutsu-Meister) herangewachsen und als Übungsleiter, Lehrer und Interpreten dieses Systems tätig sind. Es liegt in der Natur der Sache und des Menschen, daß die verschiedenen Prinzipien und Elemente dieser Kunst, entsprechend der persönlichen Mentalität der Meister, mehr oder weniger stark zur Geltung gebracht werden. So machen die einen aus Ju Jutsu eine »knallharte« Selbstverteidigung und sind überzeugt, nur das sei für die Realität des Straßenkampfes der einzig richtige Weg. Die anderen bevorzugen die elegante weiche Art und sind überzeugt, daß das »Siegen durch Nachgeben« der Weisheit letzter Schluß sei. Was ist nun wirklich richtig?

Ju Jutsu ist für jeden gemacht, vorrangig für den Schwachen, der sich gegen Stärkere verteidigen muß.

Erinnern wir uns daher: »Ju« bedeutet sanft, geschmeidig, nachgeben im Sinne von ausweichen. Nicht Kraft gegen Kraft setzen, sondern mit der Kraft des Angreifers siegen, also »Siegen durch Nachgeben«.

Ergänzen wir die Erklärung des Begriffes »Ju« noch mit anpassen, dann deckt sich »Ju« mit dem allumfassenden »Ökonomischen Prinzip«, dem obersten Grundsatz des wirksamsten Gebrauchs von Körper und Geist. Nach diesem Grundsatz handeln wir der Angriffssituation entsprechend angepaßt und wählen die Abwehr oder den eigenen Angriff als jeweils zweckmäßigstes Mittel der notwendigen Verteidigung. »Sei wie das Wasser, das zu allem sich allem anpaßt.«

Wenn es die Umstände erfordern, kann Angriff die beste Verteidigung sein, mit einem rechtzeitigen Angriff kann man einer erkennbaren gegnerischen Bedrohung zuvorkommen, diesen Angriff also im Ansatz durch eine gezielte, konsequente Aktion abwehren. Ein solcher Angriff ist z. B. angebracht, wenn ich aus Platz- oder anderen Gründen nicht in der Lage bin, dem gegnerischen Angriff auszuweichen. In der Regel muß man bei dieser »Vorwärtsverteidigung« in den Angreifer hineingehen, also den direkten inneren Eingang anwenden.

Auch wenn man plötzlich von hinten

umklammert, festgehalten oder nach rückwärts gezogen wird, kann man nicht ausweichen. Man muß stattdessen angepaßt handeln und das richtige Mittel zur Abwehr des Angriffs wählen, z. B. Schocken, Gleichgewicht brechen, Werfen, Atemi oder Griffsprengen, Hebeltechnik, Festlegen.

Im Ju Jutsu stehen »harte« und »weiche« Mittel gleichrangig nebeneinander. Beide setzen wir nach dem Prinzip des »Ju« ein. In der Regel weichen wir der angreifenden Kraft aus, bevor wir, z. B. auch mit einem Atemi, konsequent kontern. Selbst die Blocktechniken wenden wir möglichst nicht direkt gegen den Angreifer an, sondern verbinden sie mit einem Ausweichen.

Bedenken wir weiter, daß wir »harte« Techniken auch weich und »weiche« Techniken auch hart praktizieren können. Ein Handkantenschlag (»harte« Technik) auf die Leber setzt einen Angreifer genau so außer Gefecht wie ein durchgerissener Kipphandhebel (sogenannte »weiche« Technik), der das Handgelenk bricht. Beide Techniken kann man in einer anderen Situation auch weich anwenden; den Handkantenschlag zum leichten Schocken und den Kipphandhebel zum Festlegen und zur Kontrolle des Angreifers. Wir erkennen: Hart und weich, Hineingehen und Ausweichen, kraftvoll und geschmeidig – das eine schließt das andere nicht aus. Nur zusammen ergeben sie das Ganze. Zum Tag gehört die Nacht, zum Feuer das Wasser, zum Yin das Yang (asiatisches Symbol als Sinnbild der Gegensätze im Universum).

Ju Jutsu ist vor Mißbrauch nicht sicher und in der Hand Verantwortungsloser eine gefährliche Waffe. Das liegt nicht am Ju Jutsu. Die Dinge werden nur vom Menschen zum Guten gebraucht oder zum Bösen mißbraucht. Die Axt ist ein nützliches Werkzeug. Man kann sie zum Bösen mißbrauchen und damit einen Menschen ermorden. Wenn man sie dagegen benutzt, um sich in Notwehr zu verteidigen, wird sie wieder zu einem nützlichen Werkzeug, in diesem Falle zu einer Waffe.

Gut und böse sind relative Begriffe, wie auch die richtige oder falsche Anwendung von Ju Jutsu immer relativ bleiben wird. Beachten wir jedoch den »Grundsatz der Verhältnismäßigkeit der Mittel«, bleiben wir human und fair. Handeln wir nach bestem Wissen, Können und Gewissen, so werden wir uns auch jederzeit verantworten können.

Ju Jutsu ist in erster Linie eine moderne Allround-Selbstverteidigung für den Ernstfall. Eine Selbstverteidigung, die die Prinzipien sowie ausgesuchte Elemente der Budosportarten beinhaltet. Trotzdem dürfen wir Ju Jutsu nicht nur eingeengt unter dem Gesichtspunkt einer optimalen Verteidigungsmethode sehen. Wer hat schon die Motivation – von Polizei- und Sicherheitskräften einmal abgesehen –, sich ein ganzes Leben immer zu üben und zu trainieren, nur um sich vielleicht einmal verteidigen zu müssen. Wer sich so motiviert, wird in der Regel nur ein begrenztes Können erreichen, das er viel zu früh als ausreichend ansehen wird. Wer mehr erreichen, ein Meister werden will, muß sich weitere Ziele setzen.

Ju Jutsu ist auch Sport und damit ein Weg zur Perfektion körperlicher Bewegungen. Alles, was uns Sport interessant und erstrebenswert macht, können wir mit Ju Jutsu erreichen: Beweglichkeit, Schnelligkeit, Selbstkontrolle, Reaktion, Kraft, Ausdauer, Selbstbewußtsein, Freude in der Gemeinschaft, Graduierungen, Auszeichnungen und Erfolge.

Ju Jutsu ist weiterhin ein besonderer Weg zur Vervollkommnung der eigenen Persönlichkeit. Selbstbeherrschung und Selbstkontrolle – beides notwendige Voraussetzungen, um eine gefährliche Selbstverteidigung im Training und auf der Straße verantwortungsbewußt gegenüber Partner und Gegner zu praktizieren – formen auf die Dauer einen Charakter positiv. Die freie Wahl der »harten« und »weichen« Mittel ist übertragbar auf berufliche oder familiäre Lebenssituationen, die jeder bestrebt ist, erfolgreich zu meistern.

Auch im täglichen Leben, im Beruf, in der Gesellschaft, unter Freunden und Bekannten können wir uns nicht behaupten, indem wir immer entweder mit dem Kopf durch die Wand oder aber immer nachgeben wollen. Handeln wir also auch hier nach dem »ökonomischen Prinzip«, dem Grundsatz des wirksamsten Gebrauchs von Körper und Geist. Im rechten Moment das rechte zu tun, ist eine Lebenskunst, die wir über das richtige Üben von Ju Jutsu erlernen können.

Welche Motivation uns auch beflügeln mag, streben wir im Ju Jutsu stets nach Qualität. Lernen wir diese Kunst ganz zu beherrschen. Nutzen wir die vielfältigen Möglichkeiten der Anwendung von »harten« und »weichen« Mitteln in optimaler Bandbreite nach dem Grundsatz der Verhältnismäßigkeit.

Üben wir regelmäßig und beharrlich. Üben wir die direkten inneren und indirekten äußeren Eingänge und vergessen wir auch nicht, daß man sich im Ernstfall den Angriff nicht aussuchen kann. Gegen Linkshänder und Angriffe von links müssen wir genau so perfekt reagieren, wie gegen die üblichen Angriffe von rechts.

Es gibt Lehrlinge, Meister und Künstler im Ju Jutsu. Streben wir zumindest nach einem Meistergrad und werden ein Meister. Der »schwarze Gürtel« des Deutschen Dan-Kollegiums (DDK) ist ein Gütesiegel und wird uns für die Arbeit und Mühe auszeichnen. »Dan heißt Vorbild sein, auf der Matte, auf der Straße und im täglichen Leben.

»Auf der Welt gibt es nichts, was weicher und dünner ist wie Wasser. Doch um Hartes und Starres zu bezwingen, kommt nichts diesem gleich. Daß das Schwache das Starke besiegt, das Harte dem Weichen unterliegt, jeder weiß es, doch keiner handelt danach.« (Laotse)

Abschließend noch einige Hinweise für Lehrende: Didaktik und Methodik sind die pädagogischen Lehrmittel, um dem Schüler das Was und Wie des Ju Jutsu vorzustellen und seine Motorik über die Bewegungsvorstellung in der Grob- und Feinform auf die Prinzipien und Elemente des Ju Jutsu hinzuführen. Hierbei sind die biomechanischen Prinzipien besonders zu beachten.

Der Lehrer ist für den Schüler das lebende Vorbild, der – um glaubwürdig zu bleiben – Theorie und Praxis in eine absolute Übereinstimmung bringen muß. Für dieses notwendige Verhalten gilt in Bezug auf die Verwirklichung des »Ju«

eine entscheidende Erkenntnis: Ju Jutsu ist immer so zu lehren, als müsse sich ein Schwacher gegen einen weit Stärkeren verteidigen. Der Lehrer muß immer die Rolle des Schwachen verkörpern, er darf also nicht mit überlegener Körperkraft überzeugen, sondern immer mit guter Technik. Denn nur die Technik hilft dem Schwachen, den Starken zu überwinden. Technik heißt aber nicht kraftloses Handeln. Ein durch entsprechendes Konditions-, Härte- und Reaktionstraining gekräftigter Körper ist eine notwendige Voraussetzung, um überhaupt Ju Jutsu-Techniken nach den Prinzipien der »speziellen Biomechanik« ausführen und im Ernstfall gegen den Widerstand eines stärkeren Angreifers erfolgreich durchsetzen zu können. Wir wissen es – auf der Straße gibt es keine Gewichtsklassen.

Zum besseren Verständnis der Zusammenhänge bedarf es über die eigene praktische Erfahrung hinaus eines gesicherten theoretischen Wissens, das die Sportfachverbände den Übungsleitern als entsprechende Fort- und Weiterbildung anbieten. Dieses Angebot sollte jeder Danträger für sich nutzen, wenn er erfolgreich als Übungsleiter zum Wohle seiner Schüler, seines Vereins und letztlich seiner selbst tätig sein will.

Ju-Jutsu-Prüfungsprogramm
Gültig ab 1. Januar 1987

5. Ju-Jutsu-Kyu-Grad

1. Etikette
2. Bewegungslehre im Stand:
   Neutrale Kampfstellung, Aktionsstellung, Verteidigungsstellungen. Ausweichen durch Körperabdrehen.
   Schrittdrehungen, Doppelschrittdrehungen, Drehungen im Stand, Ausfallschritte, Übersetzschritte vor- und rückwärts, Gleiten vor- und rückwärts, Auslagenwechsel.
3. Falltechniken:
   Rolle vorwärts, Rolle rückwärts, Sturz vorwärts, Sturz rückwärts, Sturz seitwärts links und rechts.
4. Folgende Grundtechniken sind weitgehend in Kombinationen gegen je einen Angriff nach freier Wahl des Prüflings vorzuführen:

Grundtechniken	Fundstelle Seite Band*		Grundtechniken	Fundstelle Seite Band	
1. Unterarmblock nach oben	38	1	6. Handfegen	90	1
2. Unterarmblock nach innen	38	1	7. Fauststoß	91–92	1
			8. Faustschlag	91–92	1
3. Unterarmblock nach außen	39	1	9. Griffsprengen	42–44/94	1
			10. Grifflösen	94	1
4. Unterarmblock nach unten außen	39–40	1	11. Armstreckhebel zu Boden	80–82	1
			12. Kreuzfesselgriff	64	1
5. Unterarmblock nach unten innen	39–40	1	13. Großer Hüftwurf	50–51	1

* Die Seitenzahlen und Bandnummern verweisen auf die Stellen, wo die Übungen erläutert und illustriert werden: Ju-Jutsu 1 (Nr. 0276), Ju-Jutsu 2 (Nr. 0378), Ju-Jutsu 3 (Nr. 0485).

4. Ju-Jutsu-Kyu-Grad

1. Vorkenntnisse
2. Bewegungslehre am Boden:
   Seitliche Verteidigungslage. Auslagenwechsel, Rollen, Drehen in alle Richtungen, Gleiten, Aufstehen aus der seitlichen Verteidigungslage unter Berücksichtigung der Eigensicherung.

3. Falltechniken über Hindernisse.
4. Folgende Grundtechniken sind weitgehend in Kombinationen gegen je einen Angriff nach freier Wahl des Prüflings vorzuführen:

Grundtechniken	Fundstelle Seite	Band	Grundtechniken	Fundstelle Seite	Band
1. Handkantenblock	65	1	8. Beineinhängen	46	1
2. Handkantenschlag	66–67	1	9. Beininnenhebel	101	1
3. Kniestoß	45	1	10. Fingerhebel	52–53	1
4. Knieschlag	45	1	11. Kipphandhebel	74–76	1
5. Fußstoß vorwärts	41	2	12. Genickhebel	83	1
6. Fußtritt rückwärts	70–71	1		71	2
7. Fußstoß abwärts	73	1	13. Große Außensichel	86	1

3. Ju-Jutsu-Kyu-Grad

1. Vorkenntnisse
2. Falltechniken unter Einwirkung des Angreifers
3. Folgende Grundtechniken sind weitgehend in Kombinationen gegen je einen Angriff nach freier Wahl des Prüflings vorzuführen:
4. Vielfältigkeit:
   Der Prüfling soll je eine Atemi-, Hebel-, Wurf- und eine sonstige Technik aus dem 3. Kyu gegen je drei Angriffe nach freier Wahl vorführen.
5. Freie Abwehr angesagter Angriffe:
   a) mit Kontakt
   b) ohne Kontakt
   c) mit dem Stock
6. Freie Abwehr eines frei angreifenden Gegners:
   a) mit Kontakt
   b) ohne Kontakt
   c) mit dem Stock

Grundtechniken	Fundstelle Seite	Band	Grundtechniken	Fundstelle Seite	Band
1. Fingerstich	40–41	1	7. Freies Würgen	102–103	1
2. Kopfschlag	93	1	8. Handbeugehebel	95–98	1
4. Fußstoß seitwärts	72	1	9. Handdrehbeugehebel	54–56	1
4. Ellenbogenstoß seitwärts	69	1	10. Armstreckhebel über die Schulter	98–99	1
5. Ellenbogenstoß rückwärts	68	1	11. Große Innensichel	106	1
6. Ellenbogenstoß abwärts	40	2	12. Hüftrad	107	1
			13. Schulterwurf	104–105	1

2. Ju-Jutsu-Kyu-Grad

1. Vorkenntnisse
2. Alle Falltechniken frei
3. Folgende Grundtechniken sind weitgehend in Kombinationen gegen je einen Angriff nach freier Wahl des Prüflings vorzuführen:
4. Vielfältigkeit:
   Der Prüfling soll je eine Atemi-, Hebel-, Wurf- und eine sonstige Technik aus dem 2. Kyu gegen je vier Angriffe nach freier Wahl vorführen.
5. Freie Abwehr angesagter Angriffe:
   a) mit Kontakt
   b) ohne Kontakt
   c) mit Waffen (Stock, Messer)
6. Freie Abwehr eines frei angreifenden Gegners:
   a) mit Kontakt
   b) ohne Kontakt
   c) mit Waffen (Stock, Messer)

Grundtechniken	Fundstelle Seite	Band	Grundtechniken	Fundstelle Seite	Band
1. Handballenschlag	37	2	7. Handdrehhebel	43	2
2. Handballenstoß	37	2	8. Körperstreckhebel	57	1
3. Ellenbogenschlag vorwärts	84	2	9. Fersenrückwurf	85	1
			10. Ausheber	54	2
4. Ellenbogenschlag rückwärts	85	2	11. Schaufelwurf	55	2
5. Nervendruck	52	2	12. Kopfwurf	58	2
6. Knöchelwürge	74	2	13. Schulterrad	60	2

1. Ju-Jutsu-Kyu-Grad

1. Vorkenntnisse
2. Folgende Grundtechniken sind weitgehend in Kombinationen gegen je einen Angriff nach freier Wahl des Prüflings vorzuführen:
3. Vielfältigkeit:
   Der Prüfling soll je eine Atemi-, Hebel-, Wurf- und eine sonstige Technik aus dem 1. Kyu gegen je fünf Angriffe nach freier Wahl vorführen.
4. Freie Abwehr angesagter Angriffe:
   a) mit Kontakt
   b) ohne Kontakt

c) mit Waffen
(Stock, Messer, Faustfeuerwaffe, beweglicher Gegenstand/Kette)
5. Freie Abwehr eines frei angreifenden Gegners:
   a) mit Kontakt
   b) ohne Kontakt
   c) mit Waffen
   (Stock, Messer, Faustfeuerwaffe, beweglicher Gegenstand/Kette)

Grundtechniken	Fundstelle Seite	Band	Grundtechniken	Fundstelle Seite	Band
1. Fußtritt rückwärts	73	1	8. Doppelhandsichel	76	2
2. Fußstoß rückwärts	68	2	9. Reisballenwurf	94	2
3. Rückentransport	75	2	10. Kleine Innensichel	80	1
4. Bauchstreckhebel	77	1	11. Kleine Außensichel	109	2
5. Beinriegel	72	2	12. Schulterbeinzug	82	2
6. Kippstreckhebel	100	1	13. Außendrehwurf	81	2
7. Seitstreckhebel	101	1			

1. Ju-Jutsu-Dan-Grad

1. Vorkenntnisse
2. Folgende Grundtechniken sind weitgehend in Kombinationen gegen je einen Angriff nach freier Wahl des Prüflings vorzuführen:
3. Vier Abwehrhandlungen in Nothilfesituationen nach freier Wahl.
4. Freie Abwehr angesagter Angriffe: (wie 1. Kyu)
5. Freie Abwehr von zwei frei angreifenden Gegnern:
   a) mit Kontakt
   b) ohne Kontakt
   c) mit Waffen (wie 1. Kyu)
6. Erste-Hilfe-Nachweis
7. Lehrbefähigungs-Nachweis

Grundtechniken	Fundstelle Seite	Band	Grundtechniken	Fundstelle Seite	Band
1. Preßluftschlag	83	2	6. Beindurchzug	48	1
2. Halbkreisfußtritt vorwärts	100	2	7. Körperabbiegen	47	1
3. Armbeugehebel	86	2	8. Körperrückstoß	93	2
4. Beinbeugehebel	90	2	9. Hüftfegen	99	2
5. Armriegel	104	2	10. Eckenwurf	57	2
	58	1	11. Seitenrad	96	2
			12. Scherenwurf	97	2

2. Ju-Jutsu-Dan-Grad

1. Vorkenntnisse
2. Folgende Grundtechniken sind weitgehend in Kombinationen gegen je einen Angriff nach freier Wahl des Prüflings vorzuführen:
3. Vier Abwehrhandlungen in Nothilfesituationen nach freier Wahl.
4. Vier zusätzliche SV-Techniken außerhalb des JJ-Prüfungsprogramms nach freier Wahl.
5. Freie Abwehr angesagter Angriffe: (wie 1. Dan)
6. Freie Abwehr von zwei frei angreifenden Gegnern: (wie 1. Dan)
7. Erste-Hilfe-Nachweis
8. Lehrbefähigungs-Nachweis

Grundtechniken	Fundstelle		Grundtechniken	Fundstelle	
	Seite	Band		Seite	Band
1. Handinnenkantenschlag	63	2	6. Beinriß	106	1
2. Halbkreisfußtritt rückwärts	101	2	7. Beinrückwurf	108	2
			8. Rückriß	108	2
3. Beinhalsschere	107	2	9. Körperwurf	111	2
			10. Schenkelwurf	114	2
4. Handdrehgriff	102	2	11. Schwertwurf	113	2
5. Drehstreckhebel	70	2	12. Talfallzug	110	2

3. Ju-Jutsu-Dan-Grad

	Fundstelle Band
1. Vorkenntnisse	1–2
2. Zehn Gegentechniken	3
3. Zehn Weiterführungstechniken	3
4. Acht zusätzliche SV-Techniken außerhalb des JJ-Prüfungsprogramms nach freier Wahl	1–2
5. Vier Abwehrhandlungen in Nothilfesituationen nach freier Wahl	–
6. Freie Abwehr von zwei frei angreifenden Gegnern: (wie 1. Dan)	3
7. Erste-Hilfe-Nachweis	–
8. Lehrbefähigungs-Nachweis	–

4. Ju-Jutsu-Dan-Grad

	Fundstelle Band
1. Vorkenntnisse	1–3
2. Fünfzehn Gegentechniken	3
3. Fünfzehn Weiterführungstechniken	3
4. Fünfzehn Abwehrtechniken mit dem Stock	3
5. Goshin-jutsu-no-Kata	–
6. Freie Abwehr von zwei frei angreifenden Gegnern: (wie 1. Dan)	3
7. Erste-Hilfe-Nachweis	–
8. Ju-Jutsu-F-Lizenz	–

5. Ju-Jutsu-Dan-Grad

	Fundstelle Band
1. Vorkenntnisse	1–3
2. Zwanzig Gegentechniken	3
3. Zwanzig Weiterführungstechniken	3
4. Zwanzig Abwehrtechniken mit dem Stock	3
5. Kime-no-Kata	–
6. Freie Abwehr von zwei frei angreifenden Gegnern: (wie 1. Dan)	3
7. Erste-Hilfe-Nachweis	–
8. Ju-Jutsu-F-Lizenz	–

Angriffskatalog
(Beispielhafte Aufzählung)

I. Angriffe mit Kontakt

Handfassen
Handgelenke erfassen
– gegenüberliegend
– diagonal
– zwei Hände erfassen ein Handgelenk
– beide Handgelenke von vorne
– beide Handgelenke von hinten
Ärmel fassen
– von vorne
– von hinten

- diagonal
- gegenüberliegend
- beide

Griff in die Haare von vorne
Griff in die Haare von hinten
Griff in die Revers
- einhändig
- einhändig und Schlag
- beidhändig

Kragenfassen von hinten
- einhändig
- einhändig und Herumreißen
- beidhändig

Schwitzkasten
- von der Seite
- von vorne

Körperumklammerungen (mit und ohne Ausheben)
- von vorne
  - unter den Armen
  - über den Armen
- von hinten
  - unter den Armen
  - über den Armen

Doppelnelson

Würgen
- von vorne einhändig und Schlag
- von vorne beidhändig
- von der Seite
- von hinten beidhändig
- von hinten mit dem Unterarm
- am Boden
  - Gegner seitlich
  - im Reitsitz
  - zwischen den Beinen
  - von hinten
    - Bauchlage
    - Rückenlage

II. Angriffe ohne Kontakt

Griffansätze
- zum Hals
- zum Körper

- zu den Beinen

Ohrfeige
Rückhandschlag
Schwinger
Doppelschwinger
Aufwärtshaken
Fauststoß
Kopfstoß
Knieschlag
Fußtritt von vorne
Fußstoß von vorne
Halbkreisfußtritt

III. Angriffe mit Waffen

Stockschläge
- von oben einhändig oder beidhändig
- von der Seite
  - außen
  - innen
- zu den Beinen

Stockstoß

Messerstiche
- von oben
- von der Seite
  - außen
  - innen
- von unten

Florettstich

Messerschnitte
- von außen
- von innen

Faustfeuerwaffenbedrohungen körpernah
- von vorne
- von hinten
- von der Seite

Kette/bewegliche Gegenstände: Schläge
- von oben
- von außen
- von innen
- zu den Beinen
- diagonal über Kreuz

NÜTZLICHE RATGEBER
EINE AUSWAHL

Stand: Frühjahr 1991

Essen und Trinken

Meine feine Bürgerliche Küche
(**4411**-9) Von E. Falout, 160 S., 119 Farbfotos, Pappband. ●●●

Kochen für 1 Person
Rationell wirtschaften, abwechslungsreich und schmackhaft zubereiten. (**0586**-5) Von M. Nicolin, 104 S., 8 Farbtafeln, 23 Zeichnungen, kart. ●

Schnell und individuell
Die raffinierte Single-Küche
(**4266**-3) Von F. Faist, 160 S., 151 Farbfotos, Pappband. ●●●

Für Kenner und Genießer Lamm
(**1090**-7) Von H. Imhof, 64 S., 50 Farbfotos, Pappband. ●

Frischer Fang aus Fluß und Meer Fisch
(**0964**-X) Von L. Grieser, 64 S., 69 Farbfotos, Pappband. ●

Edler Kern in harter Schale Meeresfrüchte
(**0886**-1) Von L. Grieser, 48 S., 52 Farbfotos, Pappband. ●

Gaumenfreuden Tag für Tag
Pfannengerichte
(**1007**-9) Von S. Fabke, 64 S., 54 Farbfotos, Pappband. ●

Von Tatar und falschen Hasen Hackfleisch
(**0866**-X) Von A. und G. Eckert, 64 S., 42 Farbfotos, Pappband. ●

Aus eigener Küche Gute Wurst
(**0948**-8) Von J. Bessel, G. Quaas, 80 S., 8 Farbtafeln, kart. ●

Aus lauter Lust und Liebe Knoblauch
(**0867**-8) Von L. Reinirkens, 64 S., 45 Farbfotos, Pappband. ●

Kochen und würzen mit Paprika
(**0792**-2) Von A. und G. Eckert, 88 S., 8 Farbtafeln, kart. ●

Bintje, Irmgard und Sieglinde
Kartoffeln
(**1032**-X) Von S. Fabke, 64 S., 43 Farb- und 1 s/w-Foto, Pappband. ●

Leicht und lecker
Nudelgerichte
Die besten Rezepte aus der 3 GLOCKEN-Feinschmecker-Küche.
(**0466**-4) Von Chr. Stephan, 80 S., 8 Farbtafeln, kartoniert. ●

Pasta in Höchstform Nudeln
(**0884**-1) Von M. Kirsch, 64 S., 62 Farbfotos, Pappband. ●

Kräftig klar und cremig zart Feine Suppen
(**1031**-1) Von H. Imhof, 64 S., 48 Farbfotos, Pappband. ●

Herzhaftes für Leib und Seele Eintöpfe
(**0820**-1) Von P. Klein, 48 S., 30 Farbfotos, Pappband. ●

Spezialitäten unter knuspriger Decke
Aufläufe
(**0882**-1) Von C. Adam, 48 S., 33 Farbfotos, Pappband. ●

In Hülle und Fülle Pasteten und Terrinen
(**0883**-X) Von M. Kirsch, 48 S., 62 Farbfotos, Pappband. ●

Die Krönung der feinen Küche Saucen
(**0817**-1) Von G. Cavestri, 48 S., 40 Farbfotos, Pappband. ●

Schlank und köstlich Spargel
(**1005**-2) Von M. Kirsch, 64 S., 44 Farbfotos, Pappband. ●

Von Aubergine bis Zucchini Gemüse
(**1061**-3) Von H. Cohrs, 64 S., 39 Farbfotos, Pappband. ●

Statt Breakfast und Lunch Brunch
(**1033**-8) Von C. Adam, 64 S., 49 Farbfotos, Pappband. ●

Die schönsten Rezepte für
Frühstück und Brunch
(**1063**-X) Von K. Kruse-Schorling, 80 S., 8 Farbtafeln, kart. ●

Mit Lust und Liebe
Kochen mit den Meistern
(**4445**-3) 176 S., 132 Farbfotos, 50 Graffiti, Pappband. ●●●●

Zaubern mit der schnellen Welle
Die neue Mikrowellenküche
(**4289**-2) Von F. Faist, 208 S., 188 Farbfotos, Pappband. ●●●

Schnell auf den Tisch gezaubert
Kochen mit Mikrowellen
(**0818**-X) Von A. Danner, 64 S., 52 Farbfotos, Pappband. ●

Knusprig braten und backen im
Mikrowellen-Kombigerät
(**0996**-X) Von T. Peters, 128 S., 108 Farbfotos, kartoniert. ●●

Leicht und vitaminreich
Vegetarische Mikrowellenküche
(**0995**-X) Von F. Faist, 118 S., 103 Farbfotos, kartoniert. ●●

Schnell und individuell
Mikrowellenküche für Singles
(**0997**-6) Von A. Görgens, 118 S., 103 Farbfotos, kartoniert. ●●

Vom ersten Versuch zum Menü
Mikrowellenküche leicht gemacht
(**0994**-1) Von T. Peters, 112 S., 96 Farbfotos, kartoniert. ●●

Zart gedünstet, schonend gegart
Fischgerichte aus der Mikrowellenküche
(**1092**-3) Von A. Ilies, 96 S., 106 Farbfotos, kartoniert. ●●

Köstliches ganz schnell gezaubert
Aufläufe aus der Mikrowellenküche
(**1093**-1) Von K. Kruse-Schorling, 96 S., 89 Farbfotos, kartoniert. ●●

Natürlich Kochen im
Mikrowellen-Römertopf
(**0947**-X) Von F. Faist, 96 S., 8 Farbtafeln, kartoniert. ●

Das neue Fritieren
geruchlos, schmackhaft und gesund.
(**0365**-X) Von P. Kühne, 88 S., 8 Farbtafeln, kart. ●

Goldbraun und knusprig
Fritierte Leckerbissen
(**0868**-6) Von F. Faist, 64 S., 47 Farbfotos, Pappband. ●

Schnell und gut gekocht
Die tollsten Rezepte für den Schnellkochtopf
(**0265**-3) Von J. Ley, 96 S., 8 Farbtafeln, kart. ●

Italienische Vorspeisen Antipasti
(**1006**-0) Von S. Reiter-Westphal, 64 S., 47 Farbfotos, Pappband. ●

Schlemmerreise durch die
Italienische Küche
(**4172**-1) Von V. Pifferi, 160 S., 109 Farbfotos, Pappband. ●●●

Schlemmen wie bei Mamma Maria
Pizzas
(**0815**-5) Von F. Faist, 64 S., 62 Farbfotos, Pappband. ●

Spaghetti, Tagliatelle + Co.
Pasta all'Italiana
(**1004**-4) Von I. Seyric, 64 S., 57 Farbfotos, Pappband. ●

Pikantes und Süßes mit französischem Charme Bistro-Küche
(**4428**-3) Von V. Müller, 160 S., 130 Farbfotos, Pappband. ●●●

Schlemmerreise durch die
Französische Küche
(**4296**-5) Von H. Imhof, 160 S., 147 Farbfotos, 3 s/w-Fotos, Pappband. ●●●

Schlemmerreise durch die
Chinesische Küche
(**4184**-5) Von K. H. Jen, 160 S., 117 Farbfotos, Pappband. ●●●

Verheißungsvoll fernöstlich
Spezialitäten aus dem Wok
(**0933**-X) Von K. H. Jen, 64 S., 56 Farbfotos, Pappband. ●

Mit Lust und Liebe Chinesisch Kochen
(**4441**-0) Von Ho Fu-Lung, Uli Franz, 176 S., 189 Farbfotos, 29 Zeichnungen, Pappband. ●●●●

Mehr Freude und Erfolg beim Grillen
(**4141**-1) Von A. Berliner, 160 S., 147 Farbfotos, 10 farbige Zeichnungen, Pappband. ●●●

Köstliches von Rost und Spieß Grillen
(**0931**-3) Von A. Kalcher-Dähn, H. K. Kalcher, 64 S., 43 Farbfotos, Pappband. ●

Rezepte rund um Raclette und
Doppeldecker
(**0420**-6) Von J. W. Hochscheid, 72 S., 8 Farbtafeln, kart. ●

Schlemmen in geselliger Runde
Fleischfondues
(**0966**-6) Von M. Spötter, 64 S., 62 Farbfotos, Pappband. ●

Fondues und Raclettes
(**4253**-1) Von F. Faist, 160 S., 125 Farbfotos, Pappband. ●●●

Die hier vorgestellten Bücher, Videokassetten und Software sind in folgende Preisgruppen unterteilt:
- ● Preisgruppe bis DM 10,–/S 79,–/SFr 20,–
- ●● Preisgruppe über DM 10,– bis DM 20,– S 80,– bis S 160,– SFr 10,– bis SFr 20,–
- ●●● Preisgruppe über DM 20,– bis DM 30,– S 161,– bis S 240,– SFr 21,– bis SFr 29,–
- ●●●● Preisgruppe über DM 50,–/S 401,–/SFr 48,–
- ●●●●● Preisgruppe über DM 30,– bis DM 50,– S 241,– bis S 400,– SFr 29,– bis SFr 48,–
- *(unverbindliche Preisempfehlung)

Die Preise entsprechen dem Status beim Druck dieses Verzeichnisses (s. Seite 1) – Änderungen, im besonderen der Preise, vorbehalten –

Falken-Verlag GmbH · Postfach 1120   FALKEN   D-6272 Niedernhausen/Ts. · Tel.: 0 61 27/70 20

Schmelzendes Käsevergnügen Raclette
(0881-3) Von F. Faist, 48 S., 33 Farbfotos, Pappband. ●

Kulinarischer Feuerzauber Flambieren
(4294-9) Von R. Wesseler, 120 S., 100 Farbfotos, Pappband. ●●●

Das köstliche knackige Schlemmervergnügen Salate
(4165-9) Von V. Müller, 160 S., 80 Farbfotos, Pappband. ●●

Gartenfrisch genießen Feine Salate
(4450-X) Von P. Nikolay, 160 S., 122 Farbfotos, Pappband. ●●●

Köstliche Salate zum Verwöhnen
(0222-X) Von Chr. Schönherr, 96 S., 8 Farbtafeln, 30 Zeichnungen, kartoniert. ●

Frisch und leicht als Hauptgericht Schlemmersalate
(0934-8) Von C. Adam, 64 S., 49 Farbfotos, Pappband. ●

Köstlich frisch auf den Tisch Rohkostsalate
(0865-1) Von C. Adam, 48 S., 26 Farbfotos, Pappband. ●

Raffiniert und gesund würzen Kräuterküche
(0869-4) Von A. Görgens, 48 S., 43 Farbfotos, Pappband. ●

Mickes Kräuter- und Gewürzkochbuch
(0323-2) Von I. Persy, K. Mieke, 88 S., 4 Farbtafeln, kartoniert. ●

Joghurt, Quark, Käse und Butter Schmackhaftes aus Milch hausgemacht.
(0739-6) Von M. Bustorf-Hirsch, 32 S., 59 Farbabb., Pappband. ●

Gesund und vielseitig Alles mit Joghurt täglich selbstgemacht, mit vielen Rezepten.
(0382-6) Von G. Volz, 64 S., 8 Farbtafeln, kartoniert. ●

Locker, flockig, leicht... Müsli & Co
(0965-8) Von C. Adam, 64 S., 42 Farbfotos, Pappband. ●

Bärenstark und kerngesund Vollwertkost für Kinder
(0968-2) Von S. Reiter, 64 S., 44 Farbfotos, Pappband. ●

Gesunde Ernährung für mein Kind
(0776-6) Von M. Bustorf-Hirsch, 112 S., 8 Farbtafeln, 5 s/w-Zeichnungen, kart. ●

Das Getreidemühlenkochbuch
(1017-6) Von M. Bustorf-Hirsch, 112 S., 8 Farbtafeln, kartoniert. ●

Meine Vollkornküche Herzhaftes von echtem Schrot und Korn
(0858-9) Von S. Walz, 96 S., 8 Farbtafeln, kartoniert. ●

Die verlockende Alternative Süße Vollwertküche
(0936-4) Von A. Roßmeier, 64 S., 50 Farbfotos, Pappband. ●

Die gesunde Art, sich zu verwöhnen Vollwertküche für Singles
(0937-2) Von A. Görgens, 64 S., 43 Farbfotos, Pappband. ●

Dinkel, Hirse, Roggenkorn... Kerniges aus der Getreideküche
(0932-1) Von S. Frank, 64 S., 49 Farbfotos, Pappband. ●

Die feine Vollwertküche
(4286-3) Von M. Bustorf-Hirsch, 160 S., 83 Farbfotos, Pappband. ●●●

Mit Lust und Liebe... Vollwertküche für Genießer
(4412-4) Von Prof. Dr. C. Leitzmann, H. Million, 256 S., 329 Farbfotos, Pappband. ●●●●

Die feine Vegetarische Küche
(4235-3) Von F. Faist, 160 S., 191 Farbfotos, Pappband. ●●●

Schmackhafte Vollwertkost ohne tierisches Eiweiß
(0993-3) Von M. Bustorf-Hirsch, 96 S., 54 Farbfotos, kartoniert. ●●

Cholesterinarm kochen und genießen
(4442-9) Von R. Unsorg, 168 S., 132 Farbfotos, kartoniert. ●

Die aktuelle Cholesterintabelle
(1088-5) Von Dr. H. Oberritter, 84 S., 12 zweifarbige Grafiken, kartoniert. ●

Die aktuelle Vitamin- und Mineralstofftabelle Mit Angaben zu den wichtigsten Vitaminen und Mineralstoffen
(1110-5) Von Dr. H. Oberritter, 88 S., 1 zweifarbige Grafik, kart. ●

Vollwertküche für Diabetiker Köstlich kochen und backen für die ganze Familie
(4473-9) Von Prof. Dr. C. Leitzmann, Prof. Dr. H. Laube, H. Million, 168 S., 172 Farbfotos, 8 Zeichnungen, Pappband. ●●●●

Kochen und backen für Diabetiker Gesund und schmackhaft für die ganze Familie
(4467-4) Von Dr. med. M. Toeller, W. Schumacher, A. Groote, Dr. troph. A. Klischan, 176 S., 182 Farbfotos, Pappband. ●●●●

Würzig kochen ohne Salz
(0922-4) Von S. Roediger-Streubel, 160 S., 16 Farbtafeln, kart. ●

Die Sojaküche Gesund und abwechslungsreich essen
(0894-5) Von U. Kolster, 80 S., 8 Farbfotos, kart. ●

Gesund kochen mit Keimen und Sprossen
(0794-9) Von M. Bustorf-Hirsch, 96 S., 4 Farbtafeln, 13 s/w-Zeichnungen, kart. ●

Keime und Sprossen in der Naturküche
(4299-X) Von M. Bustorf-Hirsch, 96 S., 144 Farbfotos, Pappband. ●●

Waffeln Hörnchen, Pfannkuchen und Crêpes.
(0522-9) Von C. Stephan, 64 S., 8 Farbtafeln, kart. ●

Mehr Freude und Erfolg beim Brotbacken
(4148-9) Von A. und G. Eckert, 160 S., 177 Farbfotos, Pappband. ●●●

Meine Vollkornbackstube Brot · Kuchen · Aufläufe. (0616-0) Von R. Raffelt, 80 S., 4 Farbtafeln, 12 Zeichnungen, kartoniert. ●

Die feine Vollkornbackstube
(4474-7) Von M. Bustorf-Hirsch, 160 S., 128 Farbfotos, Pappband. ●●●

Mit Körnern, Zimt und Mandelkern Vollkorngebäck
(0816-3) Von M. Bustorf-Hirsch, 48 S., 39 Farbfotos, Pappband. ●

Knusprig, kernig, urgesund Vollkornbrot
(0938-0) Von S. Reiter, 64 S., 46 Farbfotos, Pappband. ●

Weihnachtsbäckerei Köstliche Plätzchen, Stollen, Honigkuchen und Festtagstorten.
(0682-9) Von M. Sauerborn, 32 S., 34 Farbfotos, Pappband. ●

Meine Weihnachtsbackstube
(5163-8) Von M. Sauerborn, 32 S., 23 Farbfotos, mit Vorlagebogen in Originalgröße, kart. ●

Süße Verführungen Desserts
(0885-6) Von M. Bacher, 64 S., 75 Farbfotos, Pappband. ●

Süße Geheimnisse eiskalt gelüftet Eis und Sorbets
(0870-8) Von H. W. Liebheit, 48 S., 38 Farbfotos, Pappband. ●

Raffiniertes mit Eis Drinks/Desserts/Eissorten
(1029-X) Von F. Hoffmann, 64 S., 74 Farbfotos, Pappband. ●

Zart schmelzende Versuchungen Schokolade
(0819-8) Von J. Schroer, 48 S., 53 Farbfotos, Pappband. ●

Haltbarmachen in der Öko-Küche Gesunde Konservierungsmethoden für Obst, Gemüse, Kräuter und Pilze. (0923-2) Von M. Bustorf-Hirsch, 120 S., 92 Farbabb., kart. ●●

Komm, koch und back mit mir Kunterbuntes Kochvergnügen für Kinder.
(4285-X) Von S. und H. Theilig, illustriert von B. v. Hayek, 112 S., 45 Farbabb., Pappband. ●

Lirum, larum, Löffelstiel... Kinder kochen mit Knuddel
(1094-X) Von U. Bültjer, 80 S., 27 zweifarbige Zeichnungen, kart. ●

Mit Lust und Liebe Kalte Platten & Buffets Anrichten und Garnieren
(4427-5) Von P. Grotz, 176 S., 228 Farbfotos, Pappband. ●

Garnieren und Verzieren
(4236-1) Von R. Biller, 160 S., 329 Farbfotos, 57 Zeichnungen, Pappband. ●●●

Köstlichkeiten für Gäste und Feste Kalte Platten
(4200-0) Von I. Pfliegner, 160 S., 130 Farbfotos, Pappband. ●●●

Wenn Gäste kommen... Kalte Küche
(1060-5) Von A. Ilies, 64 S., 49 Farbfotos, Pappband. ●

Raffiniert und vielseitig Toasts und Sandwiches
(1109-1) Von R. und T. Donhauser, 64 S., 52 Farbfotos, Pappband. ●

Fein und raffiniert Canapés und kleine Köstlichkeiten
(0963-1) Von H. Imhof, 64 S., 53 Farbfotos, Pappband. ●

Festlich kochen und backen für Advent und Weihnachten
(4443-7) Von A. Guter, 96 S., 66 Farbfotos, 1 s/w-Foto, Pappband. ●

Der perfekt gedeckte Tisch
(1028-1) Von H. Tapper, 80 S., 161 Farbfotos, 13 Zeichnungen, kartoniert. ●

Der schön gedeckte Tisch Vom einfachen Gedeck bis zur Festtafel stimmungsvoll und perfekt arrangiert.
(4246-9) Von H. Tapper, 112 S., 206 Farbfotos, 21 s/w-Abbildungen, Pappband. ●●●

Servietten falten 80 Ideen für schön gedeckte Tische
(1042-7) Von M. Müller, O. Mikolasek, 80 S., 289 Farbfotos, 50 Zeichnungen, kartoniert. ●●

Phantasievolle Tischdekorationen selber machen
(0984-4) Von Y. Thalheim, H. Nadolny, 80 S., 174 Farbfotos, 21 Zeichnungen, kart. ●●

Tischkarten dekorativ gestalten aus allerlei Material für viele Anlässe
(0946-1) Von H. York, 32 S., 108 Farbfotos, Pappband. ●

Servietten dekorativ falten
Geschmackvolle Anregungen aus Stoff und Papier. (**0804**-X) Von H. Tapper, 32 S., 134 Farbfotos, Pappband. ●

Tee für Genießer
Sorten · Riten · Rezepte
(**0356**-0) Von M. Nicolin, 64 S., 4 Farbtafeln, kart. ●

Weine und Säfte, Liköre und Sekt
selbstgemacht.
(**0702**-7) Von P. Arauner, 232 S., 76 Abb., kart. ●●

Fruchtig, spritzig, eisgekühlt
Mixen ohne Alkohol
(**0935**-6) Von S. Späth, 64 S., 44 Farbfotos, Pappband. ●

Mit und ohne Alkohol
Longdrinks
(**1062**-1) Von S. Edelberg, 64 S., 47 Farbfotos, Pappband. ●

Cocktails
(**4267**-1) Von W. R. Hoffmann, W. Hubert, U. Lottring, 160 S., 164 Farbfotos, 1 s/w-Foto, Pappband. ●●●

Cocktails und Mixereien
für häusliche Feste und Feiern. (**0075**-8) Von J. Walker, 96 S., 4 Farbtafeln, kart. ●

Die besten Punsche, Grogs und Bowlen
(**0575**-X) Von F. Dingden, 64 S., 4 Farbt., kart. ●

SLIM
Der neue, individuelle Schlankheitsplan.
(**4277**-9) Von Prof. Dr. E. Menden, W. Aign, 120 S., 440 Farbfotos, Pappband. ●●

Schlank werden nach Dr. Hay **Trennkost**
Die bewährten Vollwert-Rezepte von Ursula Summ. (**4298**-1) Von U. Summ, 96 S., 54 Farbfotos, 1 Zeichnung, kart. ●●

Gesund leben nach Dr. Hay
Cholesterinarme Trennkost
Neue Vollwert-Rezepte von Ursula Summ
(**4475**-5) Von U. Summ, 96 S., 52 Farbfotos, kart. ●●

EBlust statt Diätfrust
Die Pfundskur
(**1102**-4) Von Prof. Dr. V. Pudel, 144 S., 8 s/w-Zeichnungen, 4 Vignetten, kartoniert. ●

Schlank nach Maß
mit der Diät-Computerwaage
(**1064**-9) Von K. Alisch, 104 S., 4 Farbtafeln, kart. ●

Gesundes Essen für Berufstätige
Die 4-Wochen-Vollwertkur
(**1065**-6) Von M. Weber, ca. 80 S., 8 Farbtafeln, kart. ●

Hobby und Freizeit

Falken-Handbuch
Zeichnen und Malen
(**4167**-5) Von B. Bagnall, 336 S., 1154 Farbabb., Pappband. ●●●●●

Punkt, Punkt, Komma, Strich
Zeichenstunde für Kinder
(**0564**-4) Von H. Witzig, 144 S., über 250 Zeichnungen, kart. ●

Einmal grad und einmal krumm
Zeichenstunde für Kinder
(**0599**-7) Von H. Witzig, 144 S., 363 Abb., kartoniert. ●

Figürliches Zeichnen
leicht gemacht
(**1010**-9) Von H. Witzig, 112 S., 462 Figuren, kartoniert. ●

Airbrush
Kreatives Gestalten mit dem Luftpinsel
(**1133**-4) Von C. M. Mette, 80 S., 145 Farbfotos, 40 Farbzeichnungen, kartoniert. ●●

Spielend zeichnen lernen mit den Montagsmalern
(**0974**-7) Von G. Lages, Sigi Harreis, 112 S., 326 s/w-Zeichnungen, kartoniert. ●●

Kalligraphie
Die Kunst des schönen Schreibens
(**4263**-9) Von C. Hartmann, 120 S., 44 Farbvorlagen, 29 s/w-Vorlagen, 2 s/w-Zeichnungen, 38 Farbfotos, Pappband. ●●●●

Gestalten mit Schrift
Kalligraphie
(**1044**-3) Von I. Schade, 80 S., 2 Farb- und 1 s/w Foto, 143 Farbzeichnungen, kartoniert. ●●

Aquarellmalerei leicht gelernt
Materialien · Techniken · Motive
(**0787**-6) Von T. Hinz, R. Braun, B. Zeidler, 32 S., 38 Farbfotos, 1 Zeichn., Pappband. ●

Hobby Aquarellmalen
Landschaft und Stilleben.
(**0876**-7) Von I. Schade, A. Brück, 80 S., 111 Farbabb., kart. ●●

Hobby Ölmalerei
Landschaft und Stilleben.
(**0875**-9) Von H. Kämper, I. Becker, 80 S., 93 Farbabb., kart. ●●

Hobby Bauernmalerei
(**0436**-2) Von S. Ramos und J. Roszak, 80 S., 116 Farbfotos und 28 Motivvorlagen, kart. ●●

Seidenmalerei in Vollendung
(**4414**-3) Hrsg. von R. Smend, 160 S., 227 Farbfotos, 36 s/w-Fotos, geprägter Leineneinband mit Schutzumschlag, im Schuber, DM 98,– , S 784,–, SFr 94,10

Seidenmalerei und Modedesign
Modelle · Techniken · Schnittmuster
(**4476**-X) Von B. Hansen, 176 S., 140 Farbfotos, 93 Farb- 68 s/w-Zeichnungen, Pappband. ●●●●

Seidenmalerei als Kunst und Hobby
(**4264**-7) Von S. Hahn, 136 S., Farbabb., 1 s/w-Foto, Pappband. ●●●●

Neue zauberhafte Seidenmalerei
Motive und Anregungen aus der Natur.
(**0924**-0) Von R. Henge, 80 S., 148 Farbfotos, 27 s/w-Zeichnungen, kart. ●●

Kunstvolle Seidenmalerei
Mit zauberhaften Ideen zum Nachgestalten
(**0783**-3) Von I. Demharter, 32 S., 56 Farbfotos, Pappband. ●

Aquarellieren auf Seide
Materialien · Techniken · Motive
(**0917**-8) Von I. Demharter, 32 S., 41 Farbfotos, Pappband. ●

Seidenmalerei Landschaften
(**5153**-0) Von D. Kosik, 32 S., 50 Farbfotos, 12 Zeichnungen, mit Vorlagebogen in Originalgröße, kart. ●

Seidenmalerei Kissen
(**5151**-4) Von I. Demharter, 32 S., 42 Farbfotos, 2 Zeichnungen, mit Vorlagebogen in Originalgröße, kart. ●

Seidenmalerei Blusen und T-Shirts
(**5184**-0) Von A. Keller, 32 S., 28 Farbfotos, 12 Zeichnungen, mit Vorlagebogen in Originalgröße, kart. ●

Seidenmalerei Tücher und Schals
(**5152**-2) Von R. Henge, 32 S., 36 Farbfotos, 1 Zeichnung, mit Vorlagebogen in Originalgröße, kart. ●

Seidenmalerei Taschen und Gürtel
(**5194**-8) Von S. Tichy-Gibley, 32 S., 30 Farbfotos, 8 Farbzeichnungen, mit Vorlagebogen in Originalgröße, kart. ●

Seidenmalerei Tiermotive
(**5204**-9) Von A. Keller, 32 S., 37 Farbfotos, mit Vorlagebogen in Originalgröße, kart. ●

Serti Designo
Seidenmalerei mit Kreidestiften
(**5208**-1) Von S. Tichy-Gibley, 32 S., 46 Farbfotos, mit Vorlagebogen in Originalgröße, kart. ●

Seidenmalerei Lampenschirme
(**5154**-9) Von I. Walter-Ammon, 32 S., 47 Farbfotos, 1 Zeichnung, mit Vorlagebogen in Originalgröße, kart. ●

Seidenmalerei Blüten, Blätter, Ranken
(**5165**-4) Von D. Kosik, 32 S., 35 Farbfotos, 4 Zeichnungen, mit Vorlagebogen in Originalgröße, kart. ●

Seidenmalerei Schmuckkarten und Miniaturbilder
(**5166**-2) Von I. Walter-Ammon, 32 S., 37 Farbfotos, 2 Zeichnungen, mit Vorlagebogen in Originalgröße, kart. ●

Seidenmalerei Bilder in Konturentechnik
(**5182**-4) Von I. Demharter, 32 S., 28 Farbfotos, 2 Zeichnungen, mit Vorlagebogen in Originalgröße, kartoniert. ●

Seidenmalerei Applikationen
(**5224**-3) Von J. Bressau, 32 S., 50 Farbfotos, mit Vorlagebogen in Originalgröße, kartoniert. ●

Falken-Handbuch
Häkeln
ABC der Häkeltechniken und Häkelmuster in ausführlicher Schritt-für-Schritt-Bildfolgen
(**4194**-2) Von H. Fuchs, M. Natter, 288 S., 597 Farbfotos, 476 Farbzeichnungen, Pappband. ●●●●

Das moderne Standardwerk von der Expertin
Perfekt Stricken
Mit Sonderteil Häkeln.
(**4250**-7) Von H. Jaacks, 256 S., 703 Farbfotos, 169 Farb- und 121 s/w-Zeichnungen, Pappband. ●●●

Hobby Patchwork und Quilten
(**0768**-X) Von B. Staub-Wachsmuth, 80 S., 108 Farbabb., 43 Zeichnungen, kart. ●●

Hobby Spitzencollagen
Bezaubernde Motive aus edlem Material
(**0847**-3) Von H. Westphal, 80 S., 186 Farbfotos, kart. ●

Marionetten
selbst bauen und führen
(**1043**-5) Von D. Köhnen, 80 S., 150 Farbfotos, mit Schnittmusterbogen, kartoniert. ●●

Charakterpuppen
aus Cernit und Porzellan selbst gestalten
(**1156**-3) Von S. Becker, 64 S., 143 Farbfotos, 30 Zeichnungen, 13 Vignetten, mit Schnittmusterbogen, kartoniert. ●●

Puppen zum Liebhaben
(**5199**-9) Von B. Wehrle, 32 S., 27 Farbfotos, 9 s/w-Zeichnungen, mit Vorlagebogen in Originalgröße, kartoniert. ●

Teddybären
Sechs beliebte Modelle
(**5159**-X) Von Y. Thalheim, H. Nadolny, 32 S., 46 Farbfotos, 9 Zeichnungen, mit Vorlagebogen in Originalgröße, kart. ●

Heißgeliebte Teddybären
Selbermachen · Sammeln · Restaurieren
(**0900**-3) Von H. Nadolny, Y. Thalheim, 80 S., 119 Farbfotos, 23 s/w-Zeichnungen, 14 S. Schnittmusterbogen, kartoniert. ●●

Neue zauberhafte Salzteig-Ideen
(**0719**-1) Von I. Kiskalt, 80 S., 324 Farbfotos, 12 Zeichnungen, Schablonen, kart. ●●

Salzteig kinderleicht
(**0973**-9) Von I. Kiskalt, 80 S., 224 Farbfotos, 8 Farbzeichnungen, kart. ●●

Kreatives Gestalten mit Ton
Töpfern ohne Scheibe – Aufbaukeramik
(**0896**-1) Von A. Riedinger, 80 S., 207 Farbfotos, 16 Zeichnungen, 7 Vignetten, kart. ●●

Kreatives Gestalten mit Ton
Töpfern auf der Scheibe
(**0971**-2) Von A. Riedinger, 80 S., 28 Farb- und 3 s/w-Zeichnungen, 178 Farbfotos, kartoniert. ●●

Edles Porzellan
(**4437**-2) Von M. Lutze, Prof. E. Lessing, 160 S., 175 Farbfotos, Leineneinband, mit Schutzumschlag, im Schuber ●●●●●

Hobby Glaskunst in Tiffany-Technik
(**0781**-7) Von N. Köppel, 80 S., 194 Farbfotos, 6 s/w-Abb., kart. ●●

Tiffany-Lampen selbermachen
Arbeitsanleitung · Materialien · Modelle
(**0684**-5) Von I. Spliethoff, 32 S., 60 Farbfotos, 19 Zeichnungen, Pappband. ●

Fensterbilder in Tiffany-Technik
(**5168**-9) Von P. Matz, 32 S., 43 Farbfotos, mit Vorlagebogen in Originalgröße, kart. ●

Tiffany-Technik
und andere kunstvolle Arbeiten in Glas
(**0972**-0) Von B. Köhnen, 80 S., 176 Farbfotos, 5 s/w-Zeichnungen, kart. ●●

Tiffany-Gürtelschnallen
(**5160**-3) Von G. G. Scheib, R. Grella, 32 S., 52 Farbfotos, 1 Zeichnung, mit Vorlagebogen in Originalgröße, kart. ●

Modeschmuck mit Federn und Straß
(**5167**-0) Von J. Niemeier, 32 S., 41 Farbfotos, mit Vorlagebogen in Originalgröße, kart. ●

Modeschmuck selbst modellieren
(**5196**-4) Von K. Eichler, 32 S., 51 Farbfotos, mit Vorlagebogen in Originalgröße, kartoniert. ●

Modeschmuck in vielen Variationen
(**5180**-8) Von A. Hahn, 32 S., 39 Farbfotos, 3 Zeichnungen, mit Vorlagebogen in Originalgröße, kartoniert. ●

Effekt-Color
Phantasievolle Schmuck- und Deko-Ideen
(**5207**-3) Von A. Hahn, 32 S., 55 Farbfotos, mit Vorlagebogen in Originalgröße, kart. ●

Rocailles
Perlenschmuck
(**5209**-X) Von L. und E. Weiler, 32 S., 45 Farbfotos, 2 Zeichnungen, mit Vorlagebogen in Originalgröße, kart. ●

Perlenschmuck
(**5221**-9) Von H. Büderer, 32 S., 50 Farbfotos, mit Vorlagebogen in Originalgröße, kartoniert. ●

Exklusiver Modeschmuck
aus dem eigenen Atelier
(**0925**-9) Von J. Niemeier, J. Klein, 80 S., 141 Farbfotos, 25 Zeichnungen, kart. ●●

Masken
phantasievoll dekorieren
(**5155**-7) Von Chr. Familler, 32 S., 48 Farbfotos, mit Vorlagebogen in Originalgröße, kart. ●

Schwingtiere aus Holz gestalten
(**5222**-7) Von der Arbeitsgem. Werken, 32 S., 50 Farbfotos, mit Vorlagebogen in Originalgröße, kartoniert. ●

Hobby Drachen
bauen und steigen lassen. (**0767**-1) Von W. Schimmelpfennig, 80 S., 1 dreiseitige Ausklapptafel, 55 Farbfotos, 139 Zeichnungen, kart. ●●

Lenkdrachen
bauen und fliegen
(**1011**-7) Von W. Schimmelpfennig, 64 S., 51 Farbfotos und 126 Zeichnungen, kart. ●●

Drachen
Einfache Modelle für Kinder
(**5156**-5) Von W. Schimmelpfennig, 32 S., 11 Farbfotos, 31 Zeichnungen, mit Vorlagebogen, kart. ●

Das große farbige
Bastelbuch für Kinder
(**4254**-X) Von U. Barft, I. Burkhardt, J. Maier, 224 S., 157 Farbfotos, 430 Farb- und 60 s/w-Zeichnungen, mit Schnittmusterbogen, Pappband. ●●●

Hobby Origami
Papierfalten für groß und klein
(**0756**-6) Von Z. Aytüre-Scheele, 80 S., 820 Farbfotos, kart. ●●

Neue zauberhafte Origami-Ideen
Papierfalten für groß und klein
(**0805**-8) Von Z. Aytüre-Scheele, 80 S., 720 Farbfotos, kart. ●●

Zauberwelt Origami
Tierfiguren aus Papier
(**1045**-1) Von Z. Aytüre-Scheele, 80 S., 660 Farbfotos, kartoniert. ●●

Pergamano
Pergamentpapier filigran gestalten
(**5202**-2) Von J. Allmann, 32 S., 51 Farbfotos, 5 Zeichnungen, mit Vorlagebogen in Originalgröße, kart. ●

Heut basteln wir mit Pappe und Papier
(**4413**-5) Von U. Barff, J. Maier, 224 S., 117 Farbfotos, 480 Farbzeich., 25 s/w-Abb., mit Schnittmusterbogen, Pappband ●●●

Das große farbige Bastel- und Werkbuch
(**4439**-9) Von D. Rex, 256 S., 999 Farbfotos, 33 Farbzeichnungen, Pappband. ●●●●

Mein liebstes Spiel- und Bastelbuch
Die Welt der Dinosaurier
Tiere und Landschaften zum Selbermachen Ausbrechen, aufstellen, spielen
(**4478**-X) Von B. Burkart, 8 Blatt mit herauslösbaren Motiven, 280-g-Karton mit Stanzung, 8 S. Bastelanleitung und Sachinformation. ●●

Mein liebstes Spiel- und Bastelbuch
Leben auf dem Bauernhof
Tiere und Motive zum Selbermachen Ausbrechen, aufstellen, spielen
(**4479**-8) Von K. Lausche, 8 Blatt mit herauslösbaren Motiven, 280-g-Karton mit Stanzung, 8 S. Bastelanleitung und Sachinformation. ●●

Schritt für Schritt zum Scherenschnitt
Materialien · Techniken · Gestaltungsvorschläge. (**0732**-9) Von H. Klingmüller, 32 S., 38 Farbfotos, 34 Vorlagen, Pappband. ●

Fensterbilder in Scherenschnitt
(**5169**-7) Von A. Hahn, 32 S., 52 Farbfotos, 3 s/w-Fotos, mit Vorlagebogen in Originalgröße, kart. ●

Fensterbilder
Meine Lieblingstiere
(**5197**-2) Von Y. Thalheim, H. Nadolny, 32 S., 38 Farbfotos, mit Vorlagebogen in Originalgröße, kartoniert. ●

Fensterbilder Lustige Tiere
(**5210**-3) Von F. Michalski, 32 S., 47 Farbfotos, mit Vorlagebogen in Originalgröße, kart. ●

Die schönsten Fensterbilder
(**1066**-4) Von C. Kimmerle, 64 S., 100 Farbfotos, 7 Zeichnungen, kartoniert. ●●

Perfekte Fensterbilder
(**4470**-X) Von S. Haenitsch-Weiß, A. Weiß, 8 vierfarbige Bogen 280-g-Karton mit Stanzung + 16 S. zweifarbige Ein/Anleitung. ●●

Märchenhafte Fensterbilder
(**5185**-9) Von J. Maier, 32 S., 37 Farbfotos, mit Vorlagebogen in Originalgröße, kart. ●

Fensterbilder Blumen und Tiere
(**5186**-7) Von M. Twachtmann, 32 S., 41 Farbfotos, 2 Zeichnungen, mit Vorlagebogen in Originalgröße, kart. ●

Papierflieger
(**5157**-3) Von T. Gött, 32 S., 73 Farbfotos, 19 Zeichnungen, mit Vorlagebogen in Originalgröße, kart. ●

Laternen und Lampions
(**5206**-5) Von C. Hüfner, 32 S., 60 Farbfotos, mit Vorlagebogen in Originalgröße, kart. ●

Mobiles aus Papier
(**5183**-2) Von J. Maier, 32 S., 17 Farbfotos, 35 Farbzeichnungen, mit Vorlagebogen in Originalgröße, kartoniert. ●

Schachteln basteln und dekorieren
(**5170**-0) Von Chr. Adjano, 32 S., 55 Farbfotos, mit Vorlagebogen in Originalgröße, kart. ●

Die große Schachtelparade
(**4438**-0) Von Present Team, 16 vierfarbige Bogen 250-g-Karton mit Schachtelstanzung mit 4 S. Einleitung ●●●

Deco Art
Die Kunst, Geschenke zu verpacken
(**0949**-6) Von B. Niermann, 80 S., 78 Farbfotos, 191 Zeichnungen, kart. ●●

Geschenke wunderschön verpacken
(**1113**-X) Von P. Jansen, 80 S., 79 Farbfotos, 166 Farbzeichnungen, kart. ●●

Geldgeschenke · Gutscheine · Geschenkanhänger
originell gestalten und verpacken
(**1115**-6) Von S. Haenitsch-Weiß, A. Weiß, 80 S., 176 Farbfotos, kart. ●●

Geschenke verpacken für Kinderfeste
(**5195**-6) Von C. Netolitzky, 32 S., 43 Farbfotos, mit Vorlagebogen in Originalgröße, kartoniert. ●

Bunte Dekorationen für den Kindergeburtstag
Mit Spielanleitung zum Fest der Tiere
(**4471**-2) Von S. Haenitsch-Weiß, A. Weiß, 8 vierfarbige Bogen 280-g-Karton mit Stanzung + 16 S. zweifarbige Ein/Anleitung. ●●

Originelles Ambiente für Gäste
Festdekorationen
(**1049**-4) Von B. Niermann, 80 S., 125 Farbfotos, 59 Farbzeichn., kartoniert. ●●

Dekorative Schleifen
aus Bändern und Papier
(**5205**-7) Von M. Schorege, 32 S., 28 Farbfotos, 31 Farbzeichnungen, mit Vorlagebogen in Originalgröße, kart. ●

Dekorieren und Arrangieren mit Seidenblumen
(**5200**-6) Von M. L. Spang, 32 S., 37 Farbfotos, 14 Farbzeichnungen, mit Vorlagebogen in Originalgröße, kart. ●

Glückwunschkarten
(**5179**-4) Von A. Kolb, B. Michel, 32 S., 54 Farbfotos, mit Vorlagebogen in Originalgröße, kartoniert. ●

Schmuck- und Glückwunschkarten
Papierarchitektur · Collagen · Faltschnittkarten
(**1114**-8) Von C. Sanladerer, 64 S., 55 Farbfotos, 31 Zeichnungen, kart. ●●

Altes Brauchtum neu entdeckt
Schmuck-Eier
Kunstvoll gestalten und verzieren.
(**0919**-4) Von I. Kiskalt, 32 S., 45 Farbfotos, 3 s/w-Zeichnungen, kartoniert. ●

Ostereier originell dekorieren
(**5219**-7) Von W. Velte, 32 S., 44 Farbfotos, mit Vorlagebogen in Originalgröße, kartoniert. ●

Dekorationen für Ostern
(**5198**-0) Von Y. Thalheim, H. Nadolny, 32 S., 48 Farbfotos, mit Vorlagebogen in Originalgröße, kartoniert. ●

Basteln für Ostern
(**5164**-6) Von Chr. Adjano, 32 S., 47 Farbfotos, mit Vorlagebogen in Originalgröße, kartoniert. ●

Tischdekorationen für Ostern
(**5220**-0) Von Chr. Adjano, 32 S., 49 Farbfotos, mit Vorlagebogen in Originalgröße, kartoniert. ●

Weihnachtsgeschenke schön verpacken
Schachteln · Dekorationen · Geschenkpapiere
(**4469**-0) Von Present Team, 10 vierfarbige Bogen 250-g-Karton mit Stanzung, 4 Bogen Geschenkpapier + 4 S. Einleitung. ●●●

Basteln und dekorieren für
Advent und Weihnachten
(**4446**-1) Von G. Teusen, C. Netolitzky, 176 S., 285 Farbfotos, mit Bastelvorlagebogen, Pappband. ●●●

Basteln für Weihnachten
(**5162**-X) Von Chr. Adjano, 32 S., 44 Farbfotos, mit Vorlagebogen in Originalgröße, kartoniert. ●

Fensterdekorationen für die Weihnachtszeit
(**5181**-6) Von Y. Thalheim, H. Nadolny, 32 S., 33 Farbfotos, mit Vorlagebogen in Originalgröße, kartoniert. ●●

Fensterbilder für Advent und Weihnachten
(**5211**-1) Von M. Schorege, 32 S., 24 Farbfotos, 15 Zeichnungen, mit Vorlagebogen in Originalgröße, kartoniert. ●

Adventskränze und weihnachtliche Gestecke
(**5203**-0) Von Y Thalheim, H. Nadolny, 32 S., 43 Farbfotos, mit Vorlagebogen in Originalgröße, kartoniert. ●

Adventskalender
(**5178**-6) Von Y. Thalheim, H. Nadolny, 32 S., 35 Farbfotos, mit Vorlagebogen in Originalgröße, kartoniert. ●

Weihnachtsbasteleien
Advents- und Weihnachtsschmuck für groß und klein
(**0667**-5) Von M. Kühnle und S. Beck, 32 S., 56 Farbfotos, 6 Zeichnungen, Pappband. ●

Trockenblumenideen
Gewürzsträuße, Gestecke, Kränze, Buketts
(**0643**-8) Von R. Strobel-Schulze, 88 S., 170 Farbfotos, kartoniert. ●●

Neue zauberhafte Trockenblumen-Ideen
(**0821**-X) Von R. Strobel-Schulze, 80 S., 163 Farbfotos, kart. ●●

Phantasievolles Schminken
Verzauberte Gesichter für Maskeraden, Laienspiele und Kinderfeste
(**0907**-0) Hrsg.: H. u. Y. Nadolny, 64 S., 227 Farbfotos, kartoniert. ●●

Schminken für Kinder
(**5177**-8) Von Y. Thalheim, H. Nadolny, 32 S., 68 Farbfotos, mit Vorlagebogen in Originalgröße, kartoniert. ●

Moderne Fotopraxis
(**4401**-1) Von G. Koshofer, Prof. H. Wedewardt, 224 S., 363 Farbfotos, 106 s/w-Fotos, 5 Farb- und 24 s/w-Zeichnungen, Pappband. ●●●

Mach dir ein Bild
Praxistips für Foto, Film und Video
(**4410**-0) Von G. Staab, 208 S., 202 Farbfotos, 175 s/w-Fotos, 1 Zeichnung, Pappband. ●●●

So macht man bessere Fotos
(**1158**-X) Von G. Koshofer, 144 S., 259 Farbfotos, 25 s/w-Fotos, kartoniert. ●●

Aktfotografie
Interpretationen zu einem unerschöpflichen Thema. Gestaltung · Technik · Spezialeffekte.
(**0737**-X) Von H. Wedewardt, 88 S., 144 Farb- und 6 s/w-Zeichnungen, kart. ●●

Videografieren
Filmen mit Video 8. Technik – Bildgestaltung – Schnitt – Vertonung.
(**0843**-0) Von M. Wild, K. Möller, 120 S., 101 Farbfotos, 22 s/w-Fotos, 52 Zeichnungen, kart. ●●●

Videografieren perfekt
Profitricks für Aufnahmetechnik und Nachbearbeitung
(**0969**-0) Von W. Schild, 120 S., 144 Farbabb., 5 s/w-Zeichnungen, kart. ●●●

Do it yourself und Technik

Do it yourself
Kleinmöbel aus Holz
(**0905**-4) Von O. Maier, 128 S., 210 Farbfotos, 80 Zeichnungen, kart. ●●

Do it yourself
Sanitärinstallationen
(**1118**-0) Von W. Kawlath, 96 S., 214 Farbabbildungen, kartoniert. ●●

Do it yourself
Metall bearbeiten
(**1119**-9) Von O. Maier, 96 S., 230 Farbfotos, 6 s/w-Zeichnungen, kartoniert. ●●

Do it yourself
Elektroarbeiten
(**0975**-5) Von K. H. Schubert, 120 S., 193 Farbfotos, 40 Zeichnungen, kartoniert. ●●

Do it yourself
Fahrrad-Reparaturen
(**0796**-5) Von R. van der Plas, 112 S., 140 Farbfotos, 113 farbige Zeichnungen, kartoniert. ●●

Möbel
aufarbeiten, reparieren, pflegen
(**0386**-2) Von E. Schnaus-Lorey, 96 S., 28 Fotos, 101 Zeichnungen, kartoniert. ●

Restaurieren von Möbeln
Stilkunde, Materialien, Techniken, Arbeitsanleitungen in Bildfolgen.
(**4120**-9) Von E. Schnaus-Lorey, 152 S., 37 Farbfotos, 75 s/w-Fotos, 352 Zeichnungen, Pappband. ●●

FALKEN-Heimwerker-Praxis
Mofa- und Moped-Reparaturen
(**1008**-7) Von T. Kohlmey, 128 S., 280 Farbabbildg. und Zeichnungen, kartoniert. ●●

Elektronik als Hobby
Von der Grundlagenschaltung zum integrierten Schaltkreis
Mit 8 wichtigen Universalplatinen
(**4293**-0) Von W. Priesterath, 264 S., 80 s/w-Fotos, 128 Zeichnungen, Pappband. ●●●

Anlagenbau in Modultechnik
für Modelleisenbahnen und Dioramen.
(**0845**-7) Von J. Thal, 104 S., 68 Farbfotos, 28 Zeichnungen, kartoniert. ●●●

Kleine Welt auf Rädern
Das faszinierende Spiel mit Modelleisenbahnen (**4175**-6) Von F. Eisen, 256 S., 72 Farb- und 180 s/w-Fotos, 25 Zeichnungen, kart. ●●●

Die Super-Sportwagen der Welt
(**4423**-2) Von H. G. Isenberg, 194 S., 184 Farbfotos, 4 farbige Ausklapptafeln, 32 s/w-Fotos, Pappband. ●●●●

Die Super-Oldtimer der Welt
(**4465**-8) Von H. G. Isenberg, 194 S., 161 Farb- und 36 s/w-Fotos, 4 Ausklapptafeln, Pappband. ●●●●

Die Super-Trucks der Welt
(**4257**-4) Von H. G. Isenberg, 194 S., 205 Farbfotos, 87 s/w-Fotos, 7 Farbzeichnungen, 4 farb. Ausklapptafeln, Pappband. ●●●●

Die Super-Motorräder der Welt
(**4193**-4) Von H. G. Isenberg, 192 S., 170 Farb- und 100 s/w-Fotos, 8 Zeichnungen, Pappband. ●●●●

Die Super-Eisenbahnen der Welt
(**4287**-6) Von W. Kosak, H. G. Isenberg, 224 S., 269 Farbfotos, 79 s/w-Fotos, 8 Vignetten, 5 farb. Ausklapptafeln, Pappband. ●●●●

Die Super-Dampfloks der Welt
(**4480**-1) Von H. Faust, H. G. Isenberg, 194 S., 193 Farbfotos, mit vier Ausklapptafeln, Pappband. ●●●●

Plastikmodellbau
Autos, Schiffe, Flugzeuge in vollendeter Technik.
(**1116**-4) Von W. Kawlath, 96 S., 272 Farbabbildungen, kartoniert. ●●

Sport und Fitneß

Neue Lehrmethoden der Judo-Praxis
(**0424**-9) Von P. Herrmann, 223 S., 475 Abb., kartoniert. ●●

Fit mit Judo
(**2319**-7) Von K. Fuchs, 112 S., 193 Farbfotos, kartoniert. ●●

Fußwürfe
für Judo, Karate und Selbstverteidigung.
(**0439**-7) Von H. Nishioka, übers. von H. J. Heese, 96 S., 260 Abb., kart. ●●

Modernes Karate
Das große Standardwerk mit 2279 Abbildungen
(**4280**-9) Von T. Okazaki, Dr. med. M. V. Stricevic, übers. von M. Pabst, 376 S., 2279 s/w-Abb., Pappband. ●●●●●

Nakayamas Karate perfekt 1
Einführung.
(**0487**-7) Von M. Nakayama, 136 S., 605 s/w-Fotos, kart. ●●

Nakayamas Karate perfekt 2
Grundtechniken.
(**0512**-1) Von M. Nakayama, 136 S., 354 s/w-Fotos, 53 Zeichnungen, kart. ●●

Nakayamas Karate perfekt 3
Kumite 1: Kampfübungen.
(**0538**-5) Von M. Nakayama, 128 S., 424 s/w-Fotos, kart. ●●

Nakayamas Karate perfekt 4
Kumite 2: Kampfübungen.
(**0547**-4) Von M. Nakayama, 128 S., 394 s/w-Fotos, kart. ●●

Nakayamas Karate perfekt 5
Kata 1: Heian, Tekki.
(**0571**-7) Von M. Nakayama, 144 S., 1229 s/w-Fotos, kart. ●●

Nakayamas Karate perfekt 6
Kata 2: Bassai-Dai, Kanku-Dai.
(**0600**-4) Von M. Nakayama, 144 S., 1300 s/w-Fotos, 107 Zeichnungen, kart. ●●

Nakayamas Karate perfekt 7
Kata 3: Jitte, Hangetsu, Empi.
(**0618**-7) Von M. Nakayama, 144 S., 1988 s/w-Fotos, 105 Zeichnungen, kart. ●●

Nakayamas Karate perfekt 8
Gankaku, Jion. (**0650**-0) Von M. Nakayama, 144 S., 1174 s/w-Fotos, 99 Zeichnungen, kart. ●●

Fit mit Karate
(**2308**-1) Von A. Pflüger, 96 S., 134 Farbfotos, 4 s/w-Zeichnungen, kart. ●●

25 Shotokan-Katas
Auf einen Blick: Karate-Katas für Prüfungen und Wettkämpfe.
(**0859**-5) Von A. Pflüger, 88 S., 185 s/w-Abb., 24 ganzseitige Tafeln mit über 1.600 Einzelschritten, kart. ●●

Bo-Karate
Habo-Jitsu – die Techniken des Stockkampfes.
(**0447**-8) Von G. Stiebler, 176 S., 424 s/w-Fotos, 38 Zeichnungen, kart. ●●

Karate 1
Einführung · Grundtechniken.
(**0227**-0) Von A. Pflüger, 144 S., 195 s/w-Fotos, 120 Zeichnungen, kart. ●

Karate 2
Kombinationstechniken · Katas.
(**0239**-4) Von A. Pflüger, 176 S., 452 s/w-Fotos und Zeichnungen, kart. ●

Karate Kata 1
Heian 1–5, Tekki 1, Bassai Dai.
(**0683**-7) Von W.-D. Wichmann, 164 S., 703 s/w-Fotos, kart. ●●

Karate Kata 2
Jion, Empi, Kanku-Dai, Hangetsu.
(**0723**-X) Von W.-D. Wichmann, 140 S., 661 s/w-Fotos, 4 Zeichnungen, kart. ●●

Karate Kata 3
Bassai Sho, Kanku Sho, Nijushiho, Sochin
(**1120**-2) Von W.-D. Wichmann, 144 S., 598 s/w-Fotos, 4 Grafiken, kart. ●●

Der König des Kung Fu
Bruce Lee
Sein Leben und Kampf
Von seiner Frau Linda
(**0392**-9) Von Linda Lee, 136 S., 104 s/w-Fotos, kartoniert. ●

Bruce Lees Kampfstil 1
Grundtechniken.
(**0473**-7) Von B. Lee, M. Uyehara, 109 S., 220 Abb., kart. ●

Bruce Lees Kampfstil 2
Selbstverteidigungs-Techniken.
(**0486**-9) Von B. Lee, M. Uyehara, 128 S., 310 Abb., kart. ●

Bruce Lees Kampfstil 3
Trainingslehre.
(**0503**-2) Von B. Lee, M. Uyehara, 112 S., 246 Abb., kart. ●

Bruce Lees Kampfstil 4
Kampftechniken.
(**0523**-7) Von B. Lee, M. Uyehara, 104 S., 211 Abb., kart. ●

Kung-Fu 1
Legende · Philosophie · Grundtechniken
(**0891**-0) Von Chr. Yim, 152 S., 401 s/w-Fotos, 2 s/w-Zeichnungen, kart. ●●

Kung-Fu und Tai-Chi
Grundlagen und Bewegungsabläufe
(**0367**-6) Von B. Tegner, 182 S., 370 s/w-Fotos, kart. ●●

Kung Fu
Theorie und Praxis klassischer und moderner Stile
(**0376**-5) Von M. Pabst, 160 S., 330 Abbildungen, kartoniert. ●●

Bruce Lees Jeet Kune Do
(**0440**-0) Von B. Lee, 192 S., mit 105 eigenhändigen Zeichnungen von B. Lee, kart. ●●

Shaolin-Kempo – Kung-Fu
Chinesisches Karate im Drachenstil.
(**0395**-1) Von R. Czerni, K. Konrad, 246 S., 723 Abb., kart. ●●

Kickboxen
Fitneßtraining und Wettkampfsport.
(**0795**-7) Von G. Lemmens, 96 S., 208 s/w-Fotos, 23 Zeichnungen, kart. ●●

Ninja 1
Die Lehre der Schattenkämpfer.
(**0758**-2) Von S. K. Hayes, übers. von J. Schmit, 144 S., 137 s/w-Fotos, kart. ●●

Ninja 2
Die Wege zum Shoshin.
(**0763**-9) Von S. K. Hayes, übers. von J. Schmit, 160 S., 309 s/w-Fotos, 2 Zeichnungen, kart. ●●

Ninja 3
Der Pfad des Togakure-Kämpfers.
(**0764**-7) Von S. K. Hayes, übers. von J. Schmit, 144 S., 197 s/w-Fotos, 2 Zeichnungen, kart. ●●

Ninja 4
Das Vermächtnis der Schattenkämpfer.
(**0807**-4) Von S. K. Hayes, übers. von J. Schmit, 196 S., 466 s/w-Fotos, kart. ●●

Taekwondo perfekt 1
Die Formenschule bis zum Blaugurt.
(**0890**-2) Von K. Gil, Kim Chul-Hwan, 176 S., 439 s/w-Fotos, 107 Zeichnungen, kart. ●●

Taekwondo perfekt 2
Die Formenschule vom Blau- bis zum Schwarzgurt
(**0976**-3) Von K. Gil, K. Chul-Hwan, 192 S., 461 s/w-Fotos, 112 Zeichnungen, kart. ●●

Taekwondo perfekt 3
(**1068**-0) Von K. Gil, K. Chul-Hwan, 200 S., 429 s/w-Fotos, kartoniert. ●●

Taekwondo
Koreanischer Kampfsport
(**0347**-1) Von K. Gil, 152 S., 408 Abbildungen, kartoniert. ●●

Ju-Jutsu als Wettkampf
(**0826**-0) Von G. Kulot, 168 S., 418 s/w-Fotos, 2 Zeichnungen, kart. ●●

Ju-Jutsu 1
Grundtechniken · Moderne Selbstverteidigung.
(**0276**-9) Von W. Heim, F. J. Gresch, 164 S., 450 s/w-Fotos, 8 Zeichn., kart. ●

Ju-Jutsu 2
für Fortgeschrittene und Meister.
(**0378**-1) Von W. Heim, F. J. Gresch, 160 S., 798 s/w-Fotos, kart. ●●

Ju-Jutsu 3
Spezial-, Gegen- und Weiterführungs-Techniken · Stockkampfkunst.
(**0485**-0) Von W. Heim, F. J. Gresch, 200 S., über 600 s/w-Fotos, kart. ●●

Aikido
Lehren und Techniken des harmonischen Weges.
(**0537**-7) Von R. Brand, 280 S., 697 Abb., kart. ●●

Hap Ki Do
Koreanische Selbstverteidigung nach dem Lehrsystem des Großmeisters.
(**0379**-X) Von Kim Sou Bong, 112 S., 152 Abb., kart. ●

Dynamische Tritte
Grundlagen für den Zweikampf. (**0438**-9) Von C. Lee, 96 S., 398 s/w-Fotos, 10 Zeichnungen, kart. ●

Selbstverteidigung
Abwehrtechniken für Sie und Ihn.
(**0853**-8) Von E. Deser, 96 S., 259 s/w-Fotos, kart. ●

Die Faszination athletischer Körper
Bodybuilding
mit Weltmeister Ralf Möller.
(**4281**-5) Von R. Möller, 128 S., 169 Farbfotos, 14 s/w-Fotos, 1 Farbzeichnung, Pappband. ●●●●

Ladyfitneß
Das neue Körperbewußtsein der Frau
Bodyshaping · Körperpflege · Ernährung · Entspannung
(**4433**-2) Von Prof. Dr. S. Starischka, B. Grabis, D. von Cramm, G. W. Kienitz, 128 S., 227 Farbfotos, Pappband. ●●●

Bodybuilding für Frauen
Wege zu Ihrer Idealfigur
(**0661**-6) Von H. Schulz, 112 S., 84 s/w-Fotos, 4 Zeichnungen, kart. ●●

Fit mit Bodybuilding
(**2314**-6) Von L. Spitz, 112 S., 203 Farbabbildungen, 10 Tabellen, kart. ●●

Bodybuilding
Anleitung zum Muskel- und Konditionstraining für sie und ihn
(**0604**-7) Von R. Smolana, 160 S., 171 s/w-Fotos, kartoniert. ●●

Leistungsfähiger durch Krafttraining
Eine Anleitung für Fitness-Sportler, Trainer und Athleten.
(**0617**-9) Von W. Kieser, 96 S., 20 s/w-Fotos, 62 Zeichnungen, kart. ●

Hanteltraining zu Hause
(**0800**-7) Von W. Kieser, 80 S., 71 s/w-Fotos, 4 Zeichnungen, kartoniert. ●

Fit und gesund
Fitneßtraining und Bodybuilding zu Hause. Trainingsprogramme für Ihr Wohlbefinden.
(**0782**-5) Von Prof. Dr. S. Starischka, 80 S., 100 Farbfotos, 3 Zeichnungen, kart. ●●

Optimale Ernährung
für Krafttraining und Bodybuilding.
(**0912**-7) Von B. Dahmen, 88 S., 8 Farbtafeln, 8 Zeichnungen, kart. ●●

Fit mit Bio-Training
für Kraft, Ausdauer und Schnelligkeit.
(**2310**-3) Von L. Spitz, 112 S., 197 Farbfotos, 11 Farb- und 4 s/w-Zeichnungen, kart. ●●

Gesund und fit durch **Konditionstraining und Wirbelsäulengymnastik**
(**0844**-9) Von R. Milser und K. Grafe, 104 S., 99 Farbfotos, 12 Farbzeichnungen, 5 s/w-Zeichnungen, kart. ●●

Fit mit Tai Chi
als sanfte Körpererfahrung
(**2305**-7) Von B. u. K. Moegling, 112 S., 121 Farbfotos, 6 Farb- u. 4 s/w-Zeichnungen, kart. ●●

Isometrisches Training
Übungen für Muskelkraft und Entspannung.
(**0529**-6) Von L. M. Kirsch, 104 S., 150 s/w-Fotos, kart. ●●

Stretching
Mit Dehnungsgymnastik zu Entspannung, Geschmeidigkeit und Wohlbefinden.
(**0717**-5) Von H. Schulz, 80 S., 90 s/w-Fotos, kart. ●

Fit mit Stretching
(**2304**-9) Von B. Kurz, 96 S., 255 Farbfotos, kart. ●●

Gesund und fit durch Gymnastik
(**0366**-8) Von H. Pilss-Samek, 88 S., 130 Abb., kart. ●

Fit und frisch
Gymnastik für die ganze Familie
(**6501**-9) Von G. Sieber, 104 S., 306 Farbfotos, 5 Farbzeichnungen, kart., mit Audiokassette, Laufzeit 30 Min. ●●●

Fit mit Laufen
(**2315**-4) Von W. Sonntag, 96 S., 60 Farbfotos, 8 Farbzeichnungen, kart. ●●

Spaß am Laufen
Jogging für die Gesundheit
(**0470**-2) Von W. Sonntag, 140 S., 41 s/w-Fotos, 1 Zeichnung, kartoniert. ●

ZDF Sportjahrbuch 90
Rekorde · Siege · Schicksale · Ergebnisse
Die Höhepunkte der Fußball-WM
(**4481**-X) Hrsg. von Bernd Heller, 208 S., 245 Farbfotos und Tabellen, kart. ●●●

Skateboard
Material · Technik · Fahrpraxis
(**1104**-0) Von F. Böhm, M. Rieger, 96 S., 321 Farbabbildungen, kart. ●●●

Fit mit Sportschießen
(**2312**-X) Von H. Gabelmann, 96 S., 44 Farbabbildungen, 3 s/w-Fotos, 19 s/w-Zeichnungen, kart. ●●

Fechten
Florett · Degen · Säbel.
(**0449**-4) Von E. Beck, 88 S., 185 Fotos, 10 Zeichnungen, kart. ●●

Fit mit Sportabzeichen
(**2307**-3) Von G. Hennige, 104 S., 107 Farbfotos, kart. ●●

Volleyball
Technik · Taktik · Regeln.
(**0351**-X) Von H. Huhle, 104 S., 330 Abb., kart. ●

Fit mit Volleyball
(**2302**-2) Von Dr. A. Scherer, 104 S., 27 Farbund 1 s/w-Foto, 12 Farb- und 29 s/w-Zeichnungen, kart. ●●

Fit mit Fußball
(**2309**-X) Von H. Obermann, P. Walz, 112 S., 47 Farbfotos, 18 Farb- und 25 s/w-Zeichnungen, kart. ●●

Sepp Maier
Super-Torwart-Training
(**4451**-8) Von S. Maier, 168 S., 30 Farb- und 34 s/w-Fotos, 236 zweifarbige Zeichnungen, Pappband, ●●

Fußball-Jahrbuch 90
Mit großem Sonderteil Fußball-WM
(**4489**-5) Hrsg. von H. Faßbender, 208 S., 310 Farbfotos und Tabellen, kart. ●●●

SportRegeln Fußball
Die offiziellen Regeln
Wissenswertes von A bis Z
(**1096**-6) 104 S., 36 s/w-Fotos, 27 Zeichnungen, kart. ●

Handball
Technik · Taktik · Regeln.
(**0426**-5) Von F. und P. Hattig, 128 S., 91 s/w-Fotos, 121 Zeichnungen, kart. ●●

Handball
Grundlagen für Training und Spiel
(**2321**-9) Von H.-P. Oppermann, 120 S., 39 Farbtafeln, 12 s/w-Fotos, 108 Farbzeichnungen, kartoniert. ●●

SportRegeln Handball
Die offiziellen Regeln
Wissenswertes von A bis Z
(**1099**-6) 88 S., 32 s/w-Fotos, 14 Zeichnungen, kart. ●

Tennis
Technik · Taktik · Regeln.
(**0375**-7) Von W. u. S. Taferner, 112 S., 81 Abb., kart. ●

SportRegeln Tennis
Die offiziellen Regeln
Wissenswertes von A bis Z
(**1097**-4) 88 S., 24 s/w-Fotos, 6 Zeichnungen, kart. ●

Tischtennis-Technik
Der individuelle Weg zu erfolgreichem Spiel.
(**0775**-2) Von M. Perger, 144 S., 296 Abb., kart. ●●

Badminton
Technik · Taktik · Training.
(**0699**-3) Von K. Fuchs, L. Sologub, 168 S., 51 Abb., kart. ●●

Fit mit Squash
(**2311**-1) Von P. Langhammer, R. Michna, 96 S., 86 Farbfotos, 13 Farbzeichn., kart. ●●

Squash
Ausrüstung · Technik · Regeln
(**0539**-3) Von D. von Horn, H.-D. Stünitz, 96 S., 55 s/w-Fotos, 25 Zeichnungen, kart. ●●

SportRegeln Squash
Die offiziellen Regeln
Wissenswertes von A bis Z
(**1100**-8) 64 S., 11 s/w-Fotos, 23 Zeichnungen, kart. ●

Golf
Ausrüstung und Technik.
(**0343**-9) Von J. C. Jessop, übersetzt von H. Biemer, mit einem Vorwort von H. Krings, Präsident des Deutschen Golf-Verbandes, 96 S., 57 Abb., Anhang Golfregeln des DGV, kart. ●●

Eishockey
Lauf- und Stocktechnik, Körperspiel, Taktik, Ausrüstung und Regeln. (**0414**-1) Von J. Capla, 264 S., 548 s/w-Fotos, 163 Zeichnungen, kart. ●●

Pool-Billard
(**0484**-2) Herausgegeben vom Deutschen Pool-Billard-Bund. Von M. Bach, K.-W. Kühn, 104 S., 64 Abb., kart. ●

Tanzstunde
Das Welttanzprogramm leicht gelernt
(**4409**-2) Von G. Hädrich, 164 S., 489 s/w-Fotos, 63 Zeichnungen, Pappband. ●●●

Tanzen
(**2303**-0) Von K. Richter, H. Kleinow, 96 S., 102 Farbfotos, kart. ●●

Wir lernen Tanzen
(**0200**-9) Von E. Fern, 152 S., 119 s/w-Fotos, 47 Zeichnungen, kartoniert. ●●

Dancing
Moderne Discotänze: mit Mambo und Salsa
(**0977**-1) Von B. und F. Weber, 96 S., 207 s/w-Fotos, kartoniert. ●●

Dirty Dancing
Step by Step leicht gelernt
(**0992**-5) Von D. Glück, G. Teusen, 80 S., 140 Farbfotos, kart. ●●

Anmutig und fit durch
Bauchtanz
(**0911**-9) Von Marta, 120 S., 229 Farbfotos, 6 s/w-Zeichnungen, kart. ●●

Sporttauchen
Theorie und Praxis des Gerätetauchens
(**0647**-0) Von S. Müßig, 144 S., 8 Farbtafeln, 35 s/w-Fotos, 89 Zeichnungen, kart. ●●

Fit mit Sporttauchen
(**2320**-1) Von Dr. F. Naglschmid, 112 S., 71 Farbfotos, 21 Zeichnungen, kart. ●●

Angelfischerei von Aal bis Zander
Fische · Geräte · Technik.
(**0324**-2) Von H. Oppel, 72 S., 16 Farbtafeln, 49 s/w-Abb., kart., ●●

Angeln
Kleine Fibel für den Sportfischer.
(**0198**-3) Von E. Bondick, 80 S., 4 Farbtafeln 116 Abb., kart. ●

Fit mit
Surfen
(**2317**-3) Von H. Mönster, K.-H. Eden, B. Bohr, 104 S., 110 Farbfotos, 23 s/w-Zeichnungen, kartoniert. ●●

TELESKI
Skigymnastik perfekt
(**1037**-0) Von M. Vorderwülbecke, G. Kern, 120 S., 220 Farbfotos, 16 farbige Grafiken, 19 Farbzeichnungen, kartoniert. ●●

Fibel für Kegelfreunde
Sport- und Freizeitkegeln · Bowling
(**0191**-6) Von G. Bocsai, 72 S., 62 Abb., kart. ●

Fit mit Kegeln
(**2301**-4) Von G. Gromann, 96 S., 51 Farbfotos, 50 Farb- und 4 s/w-Zeichnungen, kart. ●●

111 spannende Kegelspiele
(**2031**-7) Von H. Regulski, 80 S., 53 Zeichnungen, kart. ●

Beliebte und neue
Kegelspiele
(**0271**-8) Von H. Regulski, 92 S., 62 Abbildungen, kartoniert. ●

Schach

Einführung in das Schachspiel
(**0104**-5) Von W. Wollenschläger und K. Colditz, 112 S., 116 Diagramme, kart. ●

Schach, das königliche Spiel
Von den Grundzügen zum strategischen Spiel.
(**1105**-9) Von T. Schuster, 192 S., 302 Diagramme, kart. ●●

Spielend Schach lernen
(**2002**-3) Von T. Schuster, 96 S., kartoniert. ●

Kinder- und Jugendschach
Offizielles Lehrbuch des Deutschen Schachbundes zur Erringung der Bauern-, Turmund Königsdiplome.
(**0561**-X) Von B. J. Withuis, H. Pfleger, 144 S., 220 Zeichnungen und Diagramme, kart. ●●

Zug um Zug
Schach für jedermann 1
Offizielles Lehrbuch des Deutschen Schachbundes zur Erringung des Bauerndiploms.
(**0648**-9) Von H. Pfleger, E. Kurz, 80 S., 24 s/w-Fotos, 8 Zeichn., 60 Diagramme, kart. ●

Zug um Zug
Schach für jedermann 2
Offizielles Lehrbuch des Deutschen Schachbundes zur Erringung des Turmdiploms.
(**0659**-4) Von H. Pfleger, E. Kurz, 168 S., 7 s/w-Fotos, 13 Zeichnungen, 78 Diagramme, kart. ●

Zug um Zug
Schach für jedermann 3
Offizielles Lehrbuch des Deutschen Schachbundes zur Erringung des Königdiploms.
(**0728**-0) Von H. Pfleger, G. Treppner, 128 S., 4 s/w-Fotos, 84 Diagramme, 10 Zeichnungen, kart. ●●

Schach für Fortgeschrittene
Taktik und Probleme des Schachspiels
(**0219**-X) Von R. Teschner, 88 S., 85 Diagramme, kart. ●

Neue Schacheröffnungen
(**0478**-8) Von T. Schuster, 104 S., 100 Diagramme, kart. ●

Klassische Schacheröffnungen
(**1086**-9) Von T. Schuster, 144 S., zahlr. Diagramme, kart. ●

Najdorf für Turnierspieler
Theorie und Praxis eines komplexen Eröffnungssystems. (**1121**-0) Von Dr. J. Nunn, 304 S., 202 Diagramme, kart. ●●●

Lehr-, Übungs- und Testbuch der
Schachkombinationen
(**0649**-7) Von K. Colditz, 184 S., 227 Diagramme, kartoniert. ●●

Erfolgreiche Schachlehre
Eröffnungs- und Mittelspielstrategie
(**0991**-7) Von D. Bronstein, 254 S., 201 Diagramme, Pappband. ●●

Spaß am Kombinieren
(**1057**-5) Von A. Pötzsch, 192 S., 365 Diagramme, Pappband. ●●

Erfolgreich angreifen
Der Königsflügel im Visier
(**1058**-3) Von J. Neistadt, 192 S., 183 Diagramme, Pappband. ●●

Erfolgreich angreifen
Der Damenflügel und das Zentrum im Visier
(**1123**-7) Von J. Neistadt, 172 S., 163 Diagramme, Pappband. ●●

Sizilianisch siegen
durch die Kunst der Verteidigung
(**0990**-2) Von M. Taimanow, 160 S., 124 Diagramme, Pappband. ●●

Schach dem König
333 Kurzpartien unter 30 Zügen
(**1124**-5) Von A. Roismann, 272 S., 222 Diagramme, Pappband. ●●

Schnelle Schachsiege
Das meisterliche Gambitspiel
(**1038**-9) Von S. Samarian, 28 S., 125 Diagramme, kartoniert. ●●

Offizielles Lehrbuch des Deutschen Schachbundes
Das systematische Schachtraining
Trainingsmethoden, Strategien und Kombinationen.
(**0857**-0) Von Sergiu Samarian, 152 S., 159 Diagramme, 1 Zeichnung, kartoniert. ●●

Taktische Schachendspiele
(**0752**-3) Von J. Nunn, 208 S., 152 Diagramme, kart. ●●

Schachstrategie
Ein Intensivkurs mit Übungen und ausführlichen Lösungen.
(**0584**-9) Von A. Koblenz, dt. Bearb. von K. Colditz, 212 S., 240 Diagramme, kart. ●●

Schachtraining mit den Großmeistern
(**0670**-5) Von H. Bouwmeester, 128 S., 90 Diagramme, kart. ●●

So denkt ein Schachmeister
Strategische und taktische Analysen.
(**0915**-1) Von H. Pfleger, G. Treppner, 120 S., 75 Diagramme, kart. ●●

Schach als Kampf
Meine Spiele und mein Weg.
(**0729**-9) Von G. Kasparow, 144 S., 95 Diagramme, 9 s/w-Fotos, kart. ●●

Kasparows Schacheröffnungen
(**1021**-4) Von O. Borik, 136 S., 16 s/w-Fotos, kartoniert. ●●

Schach-WM 1990
Kasparow-Karpow
(**1122**-9) Von O. Borik, Dr. H. Pfleger, 136 S., zahlreiche Diagramme, kartoniert. ●●

Mensch und Gesundheit

Der moderne Ratgeber
Wir werden Eltern
Schwangerschaft · Geburt · Erziehung des Kleinkindes.
(**4269**-8) Von B. Nees-Delaval, 376 S., 335 2-farbige Abb., Pappband. ●●●●

Wenn Sie ein Kind bekommen
(**4003**-2) Von U. Klamroth, Dr. med. H. Oster, 240 S., 86 s/w-Fotos, 30 Zeichnungen, kartoniert. ●●●

Wenn der Mensch zum Vater wird
Ein heiter-besinnlicher Ratgeber
(**4259**-0) Von D. Zimmer, 160 S., 20 Zeichnungen, Pappband. ●●●

Vorbereitung auf die Geburt und
Schwangerschaftsgymnastik
Atmung, Rückbildungsgymnastik.
(**0251**-3) Von S. Buchholz, 112 S., 98 s/w-Fotos, kartoniert. ●●

Die Kunst des Stillens
nach neuesten Erkenntnissen (**0701**-9) Von Prof. Dr. med. E. Schmidt, S. Brunn, 112 S., 20 Fotos und Zeichnungen, kart. ●●

Das Babybuch
Pflege · Ernährung · Entwicklung
(**0531**-8) Von A. Burkert, 96 S., 76 zweifbg. Zeichnungen, 22 s/w-Zeichnungen, kart. ●●

Babyfitneß
Massage, Spiele, Gymnastik und Schwimmen für Kinder im 1. Lebensjahr
(**1034**-6) Von G. Zeiß, 112 S., 179 zweifarbige Illustrationen, kartoniert. ●●

Wenn Kinder krank werden
Medizinischer Ratgeber für Eltern
(**4240**-X) Von Dr. med. I. J. Chasnoff, B. Nees-Delaval, 232 S., 163 Zeichnungen, Pappband. ●●●

Keinen Mann um jeden Preis
Das neue Selbstverständnis der Frau in der Partnerbeziehung.
(**4440**-2) Von Shere Hite, Kate Colleran, 208 S., Pappband. ●●●

Total verknallt ... und keine Ahnung?
Alles über Liebe, Sex und Zärtlichkeit
(**1024**-9) Von H. Bruckner, R. Rathgeber, 104 S., 38 Abbildungen, kartoniert. ●●

Sinnliche Liebe
Sex und Partnerschaft
(**4436**-4) Von Dr. A. Stanway, 160 S., 60 vierfarbige Illustrationen, Pappband. ●●●●

Streicheleinheiten für Körper und Seele
Partnermassage
(**4444**-5) Von Chr. Unseld-Baumanns, 136 S., 145 Farbfotos, Pappband. ●●●●

Bildatlas des menschlichen Körpers
(**4177**-2) Von P. Pogliani, V. Vannini, 112 S., 402 Farbabb., 28 s/w-Fotos, Pappband. ●●●

Nahrungsmittelallergien
So ernähren Sie sich richtig!
(**0913**-5) Von Priv.-Doz. Dr. med. Dr. med. habil. J. von Mayenburg, Prof. Dr. med. Dr. phil. S. Borelli, E. Polster, 136 S., kart. ●●

Arteriosklerose
Risikofaktoren/Vorbeugung/Therapie
Richtige Ernährung bei erhöhtem Cholesterinspiegel.
(**1020**-6) Von Prof. Dr. med. G. Assmann, Dr. troph. U. Wahrburg, 192 S., 84 farb. Abb., 4 s/w-Zeichnungen, kartoniert. ●●●

Asthma
Pseudokrupp, Bronchitis und Lungenemphysem
Krankheitsbilder · Diagnose · Therapie
(**1126**-1) Von Prof. Dr. med. W. Schmidt, S. Ertelt, 152 Seiten, 110 zweifarbige Zeichnungen, kartoniert. ●●●

Asthma
Pseudokrupp, Bronchitis und Lungenemphysem. (**0778**-7) Von Prof. Dr. med. W. Schmidt, 120 S., 59 Zeichnungen, kart. ●●

Gallenleiden
Krankheitsbilder, Behandlung, Therapieverfahren, Selbstbehandlung. Richtige Lebensführung und Ernährung.
(**0673**-X) Von Dr. med. K. Steffens, 104 S., 34 Zeichnungen, kartoniert. ●●

Diabetes
Krankheitsbild, Therapie, Kontrollen, Schwangerschaft, Sport, Urlaub, Alltagsprobleme. Neueste Erkenntnisse der Diabetesforschung. (**0895**-3) Von Dr. med. H. J. Krönke, 120 S., 4 Farbtafeln, 14 s/w-Fotos, 13 s/w-Zeichnungen, kartoniert. ●

Krampfadern
Ursachen, Vorbeugung, Selbstbehandlung. Therapieverfahren. (**0727**-2) Von Dr. med. K. Steffens, 112 S., 38 Abb., kartoniert. ●

Das moderne Hausbuch der Naturheilkunde
Neueste Erkenntnisse der Ganzheitsmedizin von Akupressur bis Zelltherapie.
(**4403**-8) Von G. Leibold, 448 S., 263 Farbzeichn., 15 s/w-Fotos, Pappband. ●●●●●

Naturkosmetik
Die Grundlagen gesunder und natürlicher Hautpflege.
(**1080**-X) Von N. E. Haas, 120 S., 63 Farbabb., kartoniert. ●●

Die sanfte Art des Heilens
Homöopathie
Praktische Anwendung und Arzneimittellehre
(**4418**-X) Von J. H. P. Kreuter, 216 S., 49 Zeichnungen, Pappband. ●●●

Aromatherapie
Gesundheit und Entspannung durch ätherische Öle.
(**1131**-8) Von K. Schutt, 96 S., 40 zweifarbige Abbildungen, kartoniert. ●●

Heilatmen
Ein Weg zu Lebenskraft und innerer Harmonie
(**1047**-8) Von K. Schutt, 112 S., 57 zweifarbige Abb., kartoniert. ●●●

Wetterfühligkeit
Vorbeugen und behandeln
Der Einfluß von Wetter und Klima auf Körper und Psyche.
(**0998**-4) Von Dipl.-Met. H. Trenkle, fachl. Beratung Prof. Dr. V. Faust, 120 S., 8 Farbtafeln, 31 zweifarbige Abbildungen und Tabellen, kartoniert. ●●

Bewährte Naturheilverfahren bei
Herz-Kreislauf-Erkrankungen
(**1084**-2) Von Dr. med. O. Wolff, G. Leibold, 104 S., kartoniert. ●

Krebsangst und Krebs behandeln
Mit einem Vorwort von Prof. Dr. med. Friedrich Douwes.
(**0839**-2) Von G. Leibold, 104 S., kartoniert. ●

Bewährte Naturheilverfahren bei
Krebs
(**1082**-6) Hrsg. H.-R. Heiligtag, 88 S., kartoniert. ●

Heilen mit Blütenenergien
nach Dr. Bach
(**1141**-5) Von J. Wenzel, ca. 96 S., kart. ●

Bewährte Naturheilverfahren bei
Migräne und Schlafstörungen
(**1081**-8) Von G. Leibold, Dr. med. H. Chr. Scheiner, 112 S., kartoniert. ●

Gesunder Schlaf
Schlafstörungen ohne Medikamente erfolgreich behandeln.
(**1036**-2) Von D. H. Alke, 88 S., 22 s/w-Abb., mit Audiokassette, kartoniert. ●●●

Natürliche Behandlungsmethoden bei
Rückenschmerzen
Massage · Gymnastik · Entspannung
(**4447**-X) Von Prof. Dr. med. H. Hess, K. Eder, H.-J. Montag, K. Schutt, 152 S., 168 Farbbildungen, Pappband. ●●●

Bewährte Naturheilverfahren bei
Rückenschmerzen
mit Spezialthema Alta-Major-Methode
(**1140**-7) Von G. Leibold, ca. 96 S., kart. ●

Rheuma behandeln und lindern
Mit einem Vorwort von Dr. med. Max-Otto Bruker.
(**0836**-8) Von G. Leibold, 96 S., kartoniert. ●

Besser sehen durch Augentraining
Ein Gesundheitsprogramm zur Verbesserung des Sehvermögens.
(**0914**-3) Von K. Schutt, B. Rumpler, 96 S., 32 s/w-Zeichnungen, kartoniert. ●●

Allergien behandeln und lindern
Mit einem Vorwort von Prof. Dr. med. Axel Stemmann.
(**0840**-6) Von G. Leibold, 96 S., 4 Zeichnungen, kartoniert. ●

Enzyme
Vitalstoffe für die Gesundheit
(**0677**-2) Von G. Leibold, 96 S., kartoniert. ●

Kneippkuren zu Hause
(**0779**-5) Von G. Leibold, 112 S., 25 Zeichnungen, kartoniert. ●

Besser leben durch Fasten
(**0841**-4) Von G. Leibold, 96 S., kartoniert. ●

Die echte Schroth-Kur
(**0797**-3) Von Dr. med. R. Schroth, 88 S., 2 s/w-Fotos, kartoniert. ●

Massagetechniken und Heilanzeigen
Reflexzonentherapie
(**4404**-6) Von G. Leibold, 128 S., 53 Farbzeichnungen, Pappband. ●●●

Akupressur zur Eigenbehandlung
(**0417**-6) Von G. Leibold, 112 S., 78 Abb., kartoniert. ●

Chinesische Punktmassage
Akupressur
(**4419**-8) Von F.T. Lie, 192 S., 332 zweifarbige Abb., Pappband. ●●●●

Shiatsu-Massage
Harmonisierung der Energieströme im Körper
(**0615**-2) Von G. Leibold, 196 S., 180 Abb., kartoniert. ●●●

Fußsohlenmassage
Heilanzeigen · Technik · Selbsthilfe
(**0714**-0) Von G. Leibold, 96 S., 38 Zeichnungen, kartoniert. ●

Entspannung und Schmerzlinderung durch
Massage
(**0750**-7) Von B. Rumpler, K. Schutt, 112 S., 116 zweifarbige Zeichnungen, kart. ●
Entspannung
(**0834**-1) Von Dr. med. Chr. Schenk, 88 S., 29 Zeichnungen, kart. ●
Erfolg und Lebensfreude durch
Autogenes Training und Psychokybernetik
(**1035**-4) Von D. H. Alke, 80 S., 2 s/w-Zeichnungen, mit Audiokassette, kartoniert. ●●●
Hypnose und Autosuggestion
Methoden · Heilwirkungen · praktische Beispiele. (**0483**-4) Von G. Leibold, 120 S., 9 Illustrationen, kart. ●
Chinesisches Schattenboxen
Tai-Ji-Quan
für geistige und körperliche Harmonie
(**0850**-3) Von F.T. Lie, 120 S., 221 s/w-Fotos, 9 s/w-Zeichnungen, Beilage: 1 s/w-Poster mit zahlreichen Abbildungen, kart. ●●
Yoga
Weg zur Harmonie
(**4417**-8) Von A. Harf, W. von Rohr, 176 S., 171 Farbfotos, 12 s/w-Zeichnungen, Pappband. ●●●●
Yoga gegen Haltungsschäden und Rückenschmerzen
(**0394**-3) Von A. Raab, 104 S., 215 Abb., kartoniert. ●
Neue Rezepte für **Diabetiker-Diät**
Vollwertig · abwechslungsreich · kalorienarm.
(**0418**-4) Von M. Oehlrich, 96 S., 8 Farbtafeln, kartoniert. ●
Diät bei Herzkrankheiten und Bluthochdruck
Rezeptteil von B. Zöllner.
(**3202**-1) Von Prof. Dr. med. H. Rottka, 92 S., 4 Farbtafeln, kartoniert. ●●
Diät bei Erkrankungen der Nieren, Harnwege und bei Dialysebehandlung
Rezeptteil von B. Zöllner.
(**3203**-X) Von Prof. Dr. med. Dr. h. c. H. J. Sarre und Prof. Dr. med. R. Kluthe, 96 S., 33 Farbfotos, 1 s/w-Zeichnung, kartoniert. ●●
Richtige Ernährung wenn man älter wird
Rezeptteil von B. Zöllner.
(**3204**-8) Von Prof. Dr. med. H.-J. Pusch, 96 S., 36 Farbfotos und 3 s/w-Zeichnungen, kartoniert. ●●
Diät bei Darmkrankheiten
Durchfall · Divertikulose, Reizdarm und Darmträgheit · einheimische Sprue (Zöllakie) · Disaccharidasemangel · Dünndarmresektion · Dumping Syndrom, Rezeptteil von B. Zöllner, (**3211**-0) Von Prof. Dr. med. G. Strohmeyer, 88 S., 4 Farbtafeln, kartoniert. ●●
Diät bei Gicht und Harnsäuresteinen
Rezeptteil von B. Zöllner.
(**3205**-6) Von Prof. Dr. med. N. Zöllner, 112 S., 35 Farbtafeln, kartoniert. ●●
Diät bei Zuckerkrankheit
Rezeptteil von B. Zöllner. (**3206**-4) Von Prof. Dr. med. P. Dieterle, 112 S., 42 Farbfotos, 4 vierfarbige Vignetten, 1 s/w-Zeichnung, kartoniert. ●●
Diät bei Störungen des Fettstoffwechsels und zur Vorbeugung der Arteriosklerose
Rezeptteil von B. Zöllner.
(**3208**-0) Von Prof. Dr. med. G. Wolfram, 104 S., 32 Farbfotos, kartoniert. ●●
Ballaststoffreiche Kost bei Funktionsstörungen des Darms
Rezeptteil von B. Zöllner.
(**3212**-9) Von Prof. Dr. med. H. Kasper, 96 S., 34 Farbfotos, 1 s/w-Foto, kartoniert. ●●

Diät bei Krankheiten des Magens und Zwölffingerdarms
Rezeptteil von B. Zöllner.
(**3201**-3) Von Prof. Dr. med. H. Kaess, 96 S., 35 Farbfotos, 1 s/w-Zeichnung, kartoniert. ●●
Diät bei Krankheiten der Gallenblase, Leber und Bauchspeicheldrüse
Rezeptteil von B. Zöllner.
(**3207**-2) Von Prof. Dr. med. H. Kasper, 88 S., 35 Farbfotos, 1 s/w-Zeichnung, kart. ●●
Diät bei Übergewicht
(**3209**-9) Von Prof. Dr. med. Ch. Keller, 104 S., 42 Farbfotos, 3 s/w-Zeichnungen, kart. ●●

Garten und Tiere

Garten heute
Der moderne Ratgeber · Über 1000 Farbbilder. (**4283**-3) Von H. Jantra, 384 S., über 1000 Farbabb., Pappband. ●●●●
Helmut Jantras Gartenbuch
Obst · Gemüse · Blumen
(**4522**-0) Von H. Jantra, 200 S., 395 Farbfotos, 123 Farbzeichnungen, 25 Tabellen, Pappband. ●●
1000 ganz bewährte Garten-Tips
(**4453**-4) Von H. Jantra, 320 S., 288 zweifarbige und 62 s/w-Zeichnungen, Pappband. ●●●
Obst, Gemüse, Blumen, Gras
Gärtnern macht den Kindern Spaß
(**4517**-4) Von U. Krüger, 96 S., 85 Farbfotos, 180 Farbzeichnungen, Pappband. ●●
Rosen
Auswahl · Pflege · Gestaltung
(**1183**-0) Von H. Jantra, 120 S., 200 Farbfotos, 20 Farbzeichnungen, 8 Bepflanzungspläne, kartoniert. ●●
Erfolgstips für den Obstgarten
Gesunde Früchte durch richtige Sortenwahl und Pflege.
(**0827**-9) Von F. Mühl, 184 S., 16 Farbtafeln, 33 Zeichnungen, kartoniert. ●●
Erfolgstips für den Gemüsegarten
Mit naturgemäßem Anbau zu höherem Ertrag. (**0674**-8) Von F. Mühl, 80 S., 30 s/w-Fotos, 4 Zeichnungen, kartoniert. ●
Mischkultur im Nutzgarten
Mit Jahreskalender und Anbauplänen.
(**0651**-9) Von H. Oppel, 112 S., 8 Farbtafeln, 23 s/w-Fotos, 29 Zeichnungen, kartoniert. ●
Obstgehölze sachgemäß schneiden
(**1127**-X) Von P.G. Wilhelm, ca. 128 S., ca. 50 zweifarbige und 200 s/w-Zeichnungen, kartoniert. ●●
Erfolgstips für den Ziergarten
Schmuckpflanzen und Rasen richtig pflegen.
(**0930**-5) Von F. Mühl, 156 S., 12 Farbtafeln, 26 s/w-Zeichnungen, kartoniert. ●●
Erfolgreich gärtnern mit
Frühbeet und Folie
(**0828**-7) Von Dr. Gustav Schoser, 88 S., 8 Farbtafeln, 46 s/w-Fotos, kartoniert. ●
Gesunde Zierpflanzen im Garten
Krankheiten erkennen und behandeln. Mit neuem Diagnose-System.
(**4429**-1) Von Prof. Dr. G. Stelzer, 208 S., 456 Farbfotos, 5 s/w- und 5 Farbzeichnungen, Pappband. ●●●●
Erfolgreich gärtnern
durch naturgemäßen Anbau
(**4252**-3) Von I. Gabriel, 416 S., 176 Farbfotos, 212 Farbzeichnungen, Pappband. ●●●

Aktion Garten ohne Gift
Gesunde Umwelt durch natürlichen Pflanzenschutz.
Ein Praxis-Handbuch von E. Hoplitschek u. B. M. Tegethoff. (**4425**-9) 176 S., 250 Farbfotos, 35 Farb- und 29 s/w-Zeichn., Pappband. ●●●●
Neuanlage eines Biogartens
Planung, Bodenvorbereitung, Gestaltung
(**0721**-3) Von I. Gabriel, 128 S., 73 Farbfotos, 39 Zeichnungen, kartoniert. ●●
Gesunde Pflanzen im Biogarten
Biologische Maßnahmen bei Schädlingsbefall und Pflanzenkrankheiten.
(**0707**-8) Von I. Gabriel, 128 S., 126 Farbfotos, kartoniert. ●●
Obst und Beeren im Biogarten
Gesunde und schmackhafte Früchte durch natürlichen Anbau. (**0780**-9) Von I. Gabriel, 128 S., 109 Farbfotos, kartoniert. ●●
Gemüse im Biogarten
Gesunde Ernte durch natürlichen Anbau
(**0830**-9) Von I. Gabriel, 128 S., 26 Farbfotos, 86 Farbzeichnungen, kartoniert. ●●
Kräuter und Heilpflanzen im Biogarten
Gesunde Ernte durch natürlichen Anbau
(**0929**-1) Von I. Gabriel, 112 S., 63 Farbfotos, 19 Farbzeichnungen, kartoniert. ●●
Der biologische Zier- und Wohngarten
Planen, Vorbereiten, Bepflanzen und Pflegen
(**0748**-9) Von I. Gabriel, 128 S., 72 Farbfotos, 46 Farbzeichnungen, kartoniert. ●●
Kosmische Einflüsse auf unsere Gartenpflanzen
Sterne beeinflussen Wachstum und Gesundheit der Pflanzen. (**0708**-6) Von I. Gabriel, 112 S., 100 Farbabb., kartoniert. ●●
Natürlich gärtnern unter Glas und Folie
Anbauen und ernten rund ums Jahr
(**0722**-1) Von I. Gabriel, 128 S., 62 Farbfotos, 45 Farbzeichnungen, kartoniert. ●●
Dekorative Kübelpflanzen
Auswahl und Pflege
(**1074**-5) Von H. Jantra, 112 S., 180 Farbfotos, 35 Farbzeichnungen, kartoniert. ●●
Blütenpracht auf Balkon und Terrasse
(**0928**-3) Von M. Haberer, 88 S., 139 Farbfotos, kartoniert. ●●
Gemüse, Kräuter, Obst aus dem Balkongarten
Erfolgreich ernten auf kleinstem Raum
(**0694**-2) Von S. Stein, 32 S., 34 Farbfotos, 6 Zeichnungen, Spiralbindung, kart. ●
Gestaltungsideen für
Schöne Gärten
(**4482**-8) Von H. Jantra, 168 S., 309 Farbfotos, 3 s/w-Fotos, Pappband. ●●●●●
Kleingärten
Planen · Anlegen · Pflegen
(**1015**-X) Von H. Jantra, 88 S., 123 Farbfotos, 1 s/w-Foto, 14 Farbzeichnungen, kart. ●●
Reihenhausgärten
Planen · Anlegen · Pflegen
(**1016**-8) Von H. Jantra, 104 S., 134 Farbfotos, 45 Farbzeichnungen, kart. ●●
Steingärten Wirkungsvoll gestalten und sachgerecht pflegen
(**4452**-6) Von A. Throll-Keller, 128 S., 203 Farbfotos, 56 Farbzeichnungen, Pappband. ●●●●
Gartenteiche, Tümpel und Weiher
naturnah anlegen und pflegen
(**1073**-7) Von Dr. F. Liedl, H. Goos, 80 S., 87 Farbfotos, 39 Farbzeichnungen, kart. ●●
Wasser im Garten
Von der Vogeltränke zum Naturteich · Natürliche Lebensräume selbst gestalten.
(**4230**-2) Von H. Hendel, P. Keßeler, 240 S., 315 Farbabb., 11 s/w-Fotos, Pappband. ●●●●●

Mein kleiner Gartenteich
planen – anlegen – pflegen
(**0851**-1) Von I. Polascheck, 144 S., 108 Farbabb., 6 s/w-Zeichnungen, kart. ●●

Pflanzen und Tiere für den Gartenteich
(**1171**-7) Von W. Costa, 128 S., 169 Farbfotos, 40 Farbzeichnungen, 8 Bepflanzungspläne, kartoniert. ●●

Häuser in lebendigem Grün
Fassaden und Dächer mit Pflanzen gestalten
(**0846**-5) Von U. Mehl, K. Werk, 88 S., 116 Farbfotos, 4 Farb- und 17 s/w-Zeichnungen, kartoniert. ●●

Wintergärten
Das Erlebnis, mit der Natur zu wohnen. Planen, Bauen und Gestalten.
(**4256**-6) Von LOG ID, 136 S., 130 Farbfotos, 107 Zeichnungen, Pappband. ●●●●

Rund ums Jahr erfolgreich gärtnern Gewächshäuser
planen · bauen · einrichten · nutzen
(**4408**-9) Von Dr. G. Schoser, J. Wolff, 232 S., 368 Farbabb., 5 s/w-Fotos, Pappband. ●●●●●

Ziergräser
Über 100 Arten erfolgreich kultivieren
(**0829**-5) Von H. Jantra, 104 S., 73 Farbfotos, 6 Farbzeichnungen, kartoniert. ●●

Das moderne Handbuch Zimmerpflanzen
(**4416**-X) Von H. Jantra, 304 S., 766 Farbfotos, 64 Farb- und 19 s/w-Zeichnungen, Pappband. ●●●●

365 Erfolgstips für schöne Zimmerpflanzen
(**0893**-7) Von H. Jantra, 144 S., 215 Farbfotos, kartoniert. ●●

Dekorative Blattpflanzen
Auswahl und Pflege
(**1128**-8) Von H. Jantra, 128 S., 198 Farbfotos, 20 Farbzeichnungen, kartoniert. ●●

Prof. Stelzers grüne Tiersprechstunde Gesunde Zimmerpflanzen
Krankheiten erkennen und behandeln. Mit neuem Diagnosesystem.
(**4274**-4) Von Prof. Dr. G. Stelzer, 192 S., 410 Farbfotos, 10 s/w-Fotos, Pappband. ●●●●

Hydrokultur
Pflanzen ohne Erde – mühelos gepflegt.
(**0944**-5) Von H.-A. Rotter, 144 S., 167 Farbfotos, 13 Farbzeichnungen, kartoniert. ●●

Bonsai
Japanische Miniaturbäume und Miniaturlandschaften. Anzucht, Gestaltung und Pflege.
(**4091**-1) Von B. Lesniewicz, 160 S., 106 Farbfotos, 46 s/w-Fotos, 115 Zeichnungen, gebunden. ●●●●●

Fibel für Kakteenfreunde
(**0199**-1) Von H. Herold, 102 S., 23 Farbfotos, 37 s/w-Abb., kartoniert. ●

Grzimek Juniors BUNTE TIERWELT
(**4295**-7) Von Chr. Grzimek, 208 S., 308 Farbfotos, Pappband. ●●●

Hunde
Rassen · Ausbildung · Pflege · Zucht
(**4118**-7) Von H. Bielfeld, 192 S., 222 Farb- und 73 s/w-Abb., Pappband. ●●●●

Das neue Hundebuch
Rassen · Aufzucht · Pflege
(**0009**-X) Von W. Busack, überarbeitet von Dr. med. vet. A. H. Hacker und H. Bielfeld, 112 S., 8 Farbtafeln, 27 s/w-Fotos, 6 Zeichnungen, kartoniert. ●

Alles über Dackel, Teckel und Dachshunde
(**1079**-6) Von M. Wein-Gysae, 80 S., 46 Farbfotos, 2 zweifarbige Zeichnungen, kart. ●●

Hundeausbildung
Verhalten · Gehorsam · Ausbildung
(**0346**-3) Von R. Menzel, 88 S., 26 Fotos, kartoniert. ●

Grundausbildung für Gebrauchshunde
Schäferhund, Boxer, Rottweiler, Dobermann, Riesenschnauzer, Airedaleterrier, Hovawart und Bouvier.
(**0801**-5) Von M. Schmidt und W. Koch. 104 S., 8 Farbtafeln, 51 s/w-Fotos, 5 s/w-Zeichnungen, kartoniert. ●

Der Hund in der Familie
(**1014**-1) Von J. Werner, 128 S., 106 Farbfotos, kartoniert. ●●

Der Deutsche Schäferhund
(**1091**-5) Von U. Förster, 112 S., 47 Farbzeichnungen, 2 s/w-Fotos, kartoniert. ●●

Der Deutsche Schäferhund
Aufzucht, Pflege und Ausbildung
(**0073**-1) Von A. Hacker, 104 S., 56 Abbildungen, kartoniert. ●

Alles über junge Hunde
(**0863**-5) Von Dr. med. vet. E. M. Bartenschlager, 64 S., 49 Farbfotos, 6 Farbzeichnungen, kartoniert. ●

Richtige Hundeernährung
(**0811**-2) Von Dr. med. vet. E. M. Bartenschlager, 80 S., 51 Farbfotos, 4 Farbzeichn., kartoniert. ●

Hundekrankheiten
(**1077**-X) Von Dr. med. vet. R. Spangenberg, 96 S., 44 Farb- und 1 s/w-Foto, 22 Farbzeichnungen, kartoniert. ●●

Von Ajax bis Zamperl Die beliebtesten Hunde-Namen
(**1174**-1) Von H.-J. Schließke, ca. 80 S., kartoniert. ●

Katzen
Rassen · Verhalten · Pflege · Zucht
(**4158**-6) Von B. Gerber, 176 S., 294 Farb- und 88 s/w-Fotos, Pappband. ●●●●

Das neue Katzenbuch
Rassen · Aufzucht · Pflege.
(**0427**-3) Von B. Eilert-Overbeck, 120 S., 14 Farbfotos, 26 s/w-Fotos, kartoniert. ●

Katzenkrankheiten
erkennen und behandeln
(**1078**-8) Von Dr. med. vet. R. Spangenberg, 104 S., 40 Farbfotos und 11 Farbzeichnungen, kartoniert. ●●

Junge Katzen
(**0862**-7) Von Dr. med. vet. E. M. Bartenschlager, 72 S., 4 Farbfotos, 4 Farbzeichnungen, kartoniert. ●

Pferde
(**4186**-1) Von H. Werner, 176 S., 196 Farb- und 50 s/w-Fotos, 100 Zeichnungen, Pappband. ●●●●

Reiten im Bild
(**0415**-X) Von H. Werner, 128 S., 142 Farbfotos, 107 Farbzeichnungen, kartoniert. ●●

Der Hobby-Imker
(**0978**-X) Von Dr. R. F. A. Moritz, 144 S., 106 zweifarbige Zeichnungen, kartoniert. ●●

Geflügelhaltung als Hobby
(**0749**-3) Von M. Baumeister, H. Meyer, 184 S., 8 Farbtafeln, 47 s/w-Fotos, 15 zweifarbige Zeichnungen, kartoniert. ●

Sittiche und kleine Papageien
(**0864**-3) Von Dr. med. vet. E. M. Bartenschlager, 88 S., 84 Farbfotos, 9 Zeichnungen, kartoniert. ●

Alles über Wellensittiche
(**1129**-6) Von H. Bielfeld, 64 S., 53 Farbfotos, 3 Zeichnungen, kartoniert. ●●

Alles über Kanarienvögel
(**0901**-X) Von H. Schnoor, 64 S., 58 Farbfotos und Zeichnungen, kartoniert. ●

Die Tiersprechstunde Artgerechte Vogelfütterung im Winter
(**0908**-9) Von Dr. W. Keil, 64 S., 51 Farbfotos und Zeichnungen, kartoniert. ●

Süßwasser-Aquarium
(**4191**-8) Von H. J. Mayland, 288 S., 564 Farbfotos, 75 Zeichnungen, Pappband. ●●●●●

Die Tiersprechstunde Gesunde Fische im Süßwasseraquarium
(**1013**-3) Von H. J. Mayland, 96 S., 73 Farbfotos, 10 Zeichnungen, kartoniert. ●●

Tiere im Wassergarten
(**0808**-2) Von Dr. med. vet. E. M. Bartenschlager, 96 S., 84 Farbfotos, 7 Zeichnungen, kartoniert. ●

Die Tiersprechstunde Alles über Zwerg- und Goldhamster
(**1012**-5) Von M. Mettler, 96 S., 96 Farbfotos, kartoniert. ●●

Alles über Chinchillas und Degus
(**1130**-X) Von M. Mettler, 96 S., 80 Farbfotos, 3 Zeichnungen, kartoniert. ●●

Alles über Meerschweinchen
(**0809**-0) Von Dr. med. vet. E. M. Bartenschlager, 72 S., 43 Farbfotos, 11 Farbzeichnungen, kartoniert. ●

Alles über Igel in Natur und Haus
(**0810**-4) Von Dr. med. vet. E. M. Bartenschlager, 68 S., 51 Farbfotos, kartoniert. ●

Alles über Zwergkaninchen
(**1075**-3) Von M. Mettler, 64 S., 52 Farbfotos, kartoniert. ●

Reise

Vom Morgenland ins Reich der Sonnengöttin
Lebensbilder aus dem Nahen und Fernen Osten. (**4449**-6) Von J. Schneider, H. Schoen, 160 S., 266 Farbfotos, 1 farbige Karte, Pappband. ●●●●

Traumreisen
Unterwegs auf den schönsten Straßen der Welt. (**4468**-2) Von T. Pehle, 192 S., 288 Farbfotos, 12 Zeichnungen, Pappband. ●●●●

Streifzüge durch die deutsche Kulturgeschichte
(**4490**-9) Von L. von Saalfeld, Dr. D. Kreidt, U. Stöckel, A. Hürmer, 208 S., über 100 Farbfotos, 52 Lagepläne, Pappband. ●●●

Der Metternich 90/91
Die besten Adressen für Feinschmecker in Deutschland. (**4488**-7) Hrsg. von P. A. Fürst von Metternich-Winneburg, bearbeitet von C. Arius, 464 S., 366 Farbfotos, 5 Übersichtskarten, Pappband. ●●●●

Berlin Die neue Metropole
(**1145**-8) Von R. Mader, 96 S., 116 Farbfotos, 15 hist. Landschafts- und Städteabbildungen, 1 Stadtplan, kartoniert. ●●

An der Ostseeküste in Mecklenburg
(**1137**-7) Von R. Mader, 96 S., 94 Farbfotos, 18 hist. Städte- und Landschaftsabbildungen, kartoniert. ●●

Der Thüringer Wald und die Dichterstädte
(**1135**-0) Von R. Mader, 96 S., 95 Farbfotos, 17 hist. Landschafts- und Städteabbildungen, kartoniert. ●●

Der Harz
(**1144**-X) Von R. Mader, 96 S., 100 Farbfotos, 17 hist. Städte- und Landschaftsabbildungen, kartoniert. ●●

Dresden Barockperle an der Elbe
(**1134**-2) Von R. Mader, 96 S., 97 Farbfotos, 13 hist. Landschafts- und Städteabbildungen, 1 s/w-Foto, 1 aufklappbarer Stadtplan, kart. ●●

Vom Spreewald zur Lausitz
(**1136**-9) Von R. Mader, 96 S., 95 Farbfotos, 11 hist. Landschafts- und Städteabbildungen, 1 Panoramakarte, kartoniert. ●●

FALKEN Video
Reiseziel DDR
(**6061**-0) VHS, ca. 60 Minuten, in Farbe, Kompaktreiseführer mit Panoramakarte im Taschenformat. ●●●●*

FALKEN Video
Reiseziel Berlin
(**6067**-X) VHS, ca. 60 Minuten, in Farbe, Kompaktreiseführer mit Panoramakarte im Taschenformat. ●●●●●*

FALKEN Video
Reiseziel Ostseeküste DDR
(**6062**-9) VHS, ca. 60 Minuten, in Farbe, Kompaktreiseführer mit Panoramakarte im Taschenformat. ●●●●●*

FALKEN Video
Reiseziel USA
Der Südwesten mit LAS VEGAS und den schönsten Sehenswürdigkeiten in den ROCKY MOUNTAINS.
(**6055**-6) VHS, ca. 60 Minuten, in Farbe, Kompaktreiseführer mit Panoramakarte im Taschenformat. ●●●●●*

FALKEN Video
Info-Tour USA
Die Highlights aus dem FALKEN Reiseprogramm New York, Kalifornien, Florida und USA Süd-West.
(**6060**-2) VHS, ca. 30 Minuten, in Farbe. ●*

FALKEN Video
Reiseziel New York
(**6048**-3) VHS, ca. 60 Minuten, in Farbe, mit Begleitbroschüre. ●●●●●*

FALKEN Video
Reiseziel Florida
(**6054**-8) VHS, ca. 60 Minuten, in Farbe, Kompaktreiseführer mit Panoramakarte im Taschenformat. ●●●●●*

FALKEN Video
Reiseziel Kalifornien
San Francisco und die schönsten Ziele in Kalifornien.
(**6049**-1) VHS, ca. 60 Minuten, in Farbe, mit Begleitbroschüre. ●●●●●*

FALKEN Video
Reiseziel Hawaii
(**6063**-7) VHS, ca. 60 Minuten, in Farbe, Kompaktreiseführer mit Panoramakarte im Taschenformat. ●●●●●*

FALKEN Video
Reiseziel Thailand
Exotisches Bangkok, traumhafte Strände, berühmte Tempel und Paläste.
(**6065**-3) VHS, ca. 60 Minuten, in Farbe, Kompaktreiseführer mit Panoramakarte im Taschenformat. ●●●●●*

FALKEN Video
Reiseziel Kanarische Inseln
Schöne Strände, interessante Exkursionen.
(**6065**-5) VHS, ca. 60 Minuten, in Farbe, Kompaktreiseführer mit Panoramakarte im Taschenformat. ●●●●●*

FALKEN Video
Reiseziel Irland
Entdeckungsreise mit Boot und Planwagen, präzise Informationen, praktische Tips.
(**6059**-0) VHS, ca. 60 Minuten, in Farbe, Kompaktreiseführer mit Panoramakarte im Taschenformat. ●●●●●*

FALKEN Video
Reiseziel Norwegen
Rundreise zu den schönsten Fjorden, präzise Informationen, praktische Tips.
(**6058**-0) VHS, ca. 60 Minuten, in Farbe, Kompaktreiseführer mit Panoramakarte im Taschenformat. ●●●●●*

Rat und Wissen

Der gute Ton
in Gesellschaft und Beruf.
(**0063**-4) Von I. Wolter, 80 S., 42 s/w-Fotos, 7 Zeichnungen, kartoniert. ●

Der gute Ton
im Privatleben.
(**1111**-3) Von I. Wolter, bearbeitet von Wolf Stenzel, 104 S., 42 s/w-Abbildungen, kartoniert. ●

Umgangsformen heute
Die Empfehlungen des Fachausschusses für Umgangsformen.
(**4015**-6) 252 S., 108 s/w-Fotos, 17 Zeichnungen, Pappband. ●●●

Benehmen bei Tisch
(**0988**-7) Von I. Cording, 80 S., 90 Farbfotos, 5 s/w-Zeichnungen, kartoniert. ●●

Krawatten
Fliegen, Schals und Tücher gekonnt binden
(**1072**-9) Von Y. Thalheim, H. Nadolny, 48 S., 129 Farbfotos, 1 s/w-Foto, Pappband. ●

Wir heiraten
Ratgeber zur Vorbereitung und Festgestaltung der Verlobung und Hochzeit.
(**4188**-8) Von C. Poensgen, 216 S., 8 s/w-Fotos, 30 s/w-Zeichnungen, 8 Farbtafeln, Pappband. ●

Von der Verlobung zur Goldenen Hochzeit
(**0393**-5) Von E. Runge, 112 S., kartoniert. ●

Hochzeits- und Bierzeitungen
Muster, Tips und Anregungen.
(**0288**-2) Von H.-J. Winkler, mit vielen Text- und Gestaltungsanregungen, 116 S., 15 Abb., 1 Musterzeitung, kartoniert. ●

Die Silberhochzeit
Vorbereitung · Einladung · Geschenkvorschläge · Dekoration · Festablauf · Menüs · Reden · Glückwünsche. (**0542**-3) Von K. F. Merkle, 112 S., 41 Zeichnungen, kart. ●

Wie soll es heißen?
(**0211**-4) Von D. Köhr, 136 S., kartoniert. ●

Unsere beliebtesten Vornamen
(**1023**-0) Von A. F. W. Weigel, 160 S., 75 s/w-Fotos, Pappband. ●●

Kindergedichte, Lieder und Sketche für Hochzeitsfeiern
(**1112**-1) Von B. Lins, 72 S., 26 farbige Abbildungen, 15 Lieder, kartoniert. ●

Kindergedichte zur grünen, silbernen und goldenen Hochzeit
(**0318**-8) Von H.-J. Winkler, 104 S., 20 Abb., kartoniert. ●

Kindergedichte für Familienfeste
(**0860**-0) Von B. H. Bull, 96 S., 20 Zeichnungen, kartoniert. ●

Kindergedichte rund ums Jahr
(**1040**-0) Von A. Schweckert, 80 S., 49 Zeichnungen, 6 Vignetten, kartoniert. ●

Ins Gästebuch geschrieben
(**0576**-8) Von K. H. Trabeck, 96 S., 24 Zeichnungen, kartoniert. ●

Der Versesschmied
Kleiner Leitfaden für Hobbydichter. Mit Reimlexikon.
(**0597**-0) Von T. Parisius, 96 S., 28 Zeichnungen, kartoniert. ●

Die schönsten Volkslieder
(**0432**-X) Hrsg. D. Walther, 128 S., mit Noten und Zeichnungen, kartoniert. ●

Wo man singt …
Lieder aus Deutschland
(**4507**-7) Hrsg. von R. Werion, Prof. H. Rauhe, H. R. Beierlein, 288 S., 217 Farbzeichnungen, Pappband. ●●●

Neue Glückwunschfibel
für groß und klein. (**0156**-8) Von R. Christian-Hildebrandt, 96 S., 13 Vignetten, kartoniert. ●

Großes Buch der Glückwünsche
(**0255**-6) Hrsg. von O. Fuhrmann, 176 S., 77 Zeichnungen und viele Gestaltungsvorschläge, kartoniert. ●●

Verse fürs Poesiealbum
(**0241**-6) Von I. Wolter, 96 S., 20 Abb., kartoniert. ●

Heiter und besinnliche
Verse fürs Poesiealbum
(**1069**-9) Von B. H. Bull, 160 S., 70 zweifarbige Illustrationen, Pappband. ●●

Reden und Ansprachen
für jeden Anlaß. (**4009**-1) Hrsg. von F. Sicker, 454 S., gebunden. ●●●

Die Kunst der freien Rede
Ein Intensivkurs mit vielen Übungen, Beispielen und Lösungen.
(**4189**-6) Von G. Hirsch, 232 S., 11 Zeichnungen, Pappband. ●●

Festreden und Vereinsreden
Muster für alle Gelegenheiten
(**0069**-3) Von K. Lehnhoff, E. Ruge, 96 S., kartoniert. ●

Trinksprüche, Gästebuchverse, Richtsprüche
(**0224**-6) Von D. Kellermann, 96 S., kartoniert. ●

Glückwünsche, Toasts und Festreden zur Hochzeit
(**0264**-5) Von I. Wolter, 112 S., 18 Zeichnungen, kartoniert. ●

Reden zur Taufe, Kommunion und Konfirmation
(**0751**-5) Von G. Georg, 96 S., kartoniert. ●

Reden zu Familienfesten
Musteransprachen für viele Gelegenheiten
(**0675**-6) Von G. Georg, 112 S., kartoniert. ●

Reden im Verein
Musteransprachen für viele Gelegenheiten
(**0703**-5) Von G. Georg, 112 S., kartoniert. ●

Reden zum Jubiläum
Musteransprachen für viele Gelegenheiten
(**0595**-4) Von G. Georg, 112 S., kartoniert. ●

Reden und Sprüche zu Grundsteinlegung, Richtfest und Einweihung
(**0598**-0) Von A. Bruder, G. Georg, 96 S., kartoniert. ●

Die überzeugende Rede
Mehr Erfolg durch bessere Rhetorik
(**0076**-6) Von K. Wolter, G. Kunz, 96 S., kartoniert. ●

Moderne Korrespondenz
Handbuch der erfolgreichen Briefe
(**4014**-8) Von H. Kirst und W. Manekeller, 544 S., Pappband. ●●●●

Musterbriefe
für alle Gelegenheiten.
(**0231**-9) Hrsg. von O. Fuhrmann, 240 S., kartoniert. ●●

FALKEN-Software
Musterkorrespondenz in Deutsch, Englisch, Französisch, Italienisch, Spanisch
(**7041**-1) Diskette 5 1/4″ für IBM-PC + Kompatible, mit Begleitbroschüre. ●●●●●*

(**7051**-9) Diskette 3 1/2″ für IBM-PC + Kompatible, mit Begleitbroschüre. ●●●●●*

FALKEN-Software
TEXAD
Das komfortable Korrespondenzprogramm für den privaten und geschäftlichen Bereich
(**7017**-9) 2 Disketten für IBM-PC + Kompatible, 5 1/4", mit Begleitheft, **DM 198,–**", S 1980,-*, SFr 198,–".
(**7048**-9) Diskette 3 1/2", mit Handbuch. ●●●●●*
(**7049**-7) Demo-Version 5 1/4", o. Handbuch. ●●*
(**7050**-0) Demo-Version 3 1/2", o. Handbuch. ●●*

Privatbriefe
Muster für alle Gelegenheiten. (**0114**-2) Von I. Wolter-Rosendorf, 112 S., kart.●

Erfolgstips für den Schriftverkehr
Briefgestaltung · Rechtschreibung · Zeichensetzung · Stil. (**0678**-0) Von U. Schoenwald, 112 S., kart.●

Geschäftliche Briefe
des Privatmanns, Handwerkers, Kaufmanns (**0041**-3) Von A. Römer, 124 S., kart. ●

Behördenkorrespondenz
Musterbriefe · Anträge · Einsprüche (**0412**-5) Von E.Ruge, 112 S., kart.●

Worte und Briefe der Anteilnahme
(**0464**-8) Von E. Ruge, 96 S., mit vielen Abb., kart. ●

Briefe zu Geburt und Taufe
Glückwünsche und Danksagungen. (**0802**-3) Von H. Beitz, 96 S., 12 Zeichnungen, kart. ●

Briefe zum Geburtstag
Glückwünsche und Danksagungen (**0822**-8) Von H. Beitz, 104 S., 22 Zeichnungen, kart. ●

Briefe der Liebe
Anregungen für gefühlvolle und zärtliche Worte. (**0903**-8) Hrsg. von H. Beitz, 96 S., 4 Zeichnungen, kart. ●

Erziehungsgeld, Mutterschutz, Erziehungsurlaub
Das neue Recht für Eltern
(**0835**-X) Von J. Grönert, 144 S., kart. ●

Liebe ja – Ehe nein
Die nichteheliche Lebensgemeinschaft
(**1071**-0) Von T. Drewes, 104 S., 8 s/w-Zeichnungen, kartoniert. ●

Scheidung und Unterhalt
nach dem neuen Eherecht.
(**0403**-6) Von T.Drewes, 112 S., mit Kosten und Unterhaltstabellen, kart. ●

Testament und Erbschaft
Erbfolge, Rechte und Pflichten der Erben, Erbschafts- und Schenkungssteuer, Mustertestamente. (**4139**-X) Von T. Drewes, R. Hollender, 304 S., Pappband. ●●●

Der letzte Wille
Ratgeber für Erblasser, Erben und Hinterbliebene in Rechts-, Versorgungs- und Steuerfragen (**0939**-9) Von T. Drewes, 136 S., 9 s/w-Zeichnungen, kart. ●●

Mietrecht
Leitfaden für Mieter und Vermieter
(**0479**-6) Von K. Schreiner, 196 S., kart. ●●

Präzise Ratschläge für Ihre optimale Rente
Vorbereitung · Berechnungsgrundlagen · Gesetzesänderungen · Individuelle Rechenbeispiele. (**0806**-7) Von K. Möcks, 96 S., 24 Formulare, 1 Graphik, kart. ●

Haushaltstips praktisch und umweltfreundlich
(**1046**-X) Von K. Winkell, 96 S., 36 Zeichnungen, kartoniert. ●

Haushaltstips von A – Z
(**0759**-0) Von A. Eder, 80 S., 30 Zeichnungen, kartoniert. ●

Der Umweltfahrplan
Ein praktischer Ratgeber für Haushalt und Familie
(**1103**-2) Von K. Riedessel, hrsg. von der Aktionsgemeinschaft Umwelt, Gesundheit, Ernährung e. V., Hamburg, 144 S., 34 s/w-Zeichnungen, kart. ●

Wege zum Börsenerfolg
Aktien · Anleihen · Optionen
(**4275**-2) Von H. Krause, 252 S., 4 s/w-Fotos, 86 Zeichnungen, Pappband. ●●●●

FALKEN-Software
Börsenfieber
Spielend spekulieren mit Geld und Aktien
(**7016**-0) IBM-PC und Kompatible, Diskette 5 1/4", mit Begleitheft, ●●●●●*
(**7026**-8) für C 64/C 128 PC, mit Begleitheft
(**7027**-6) für Atari ST 520/1040, mit Begleitheft
(**7028**-4) für Amiga, mit Begleitheft
(**7044**-6) für IBM PC + Kompatible, Diskette 3 1/2", mit Begleitheft.

FALKEN-Software
Börsenfieber
Über 100 neue Ereignisse
(**7066**-7) Diskette 5 1/4" für IBM-PC + Kompatible, mit Begleitbroschüre. ●●●*
(**7067**-5) Diskette 3 1/2" für IBM-PC + Kompatible, mit Begleitheft. ●●●*

FALKEN-Software
Broker King
Cash und crash an der Terminbörse. Mit Warentermingeschäft und Optionshandel
(**7057**-8) Diskette 5 1/4" für IBM-PC + Kompatible, mit Begleitbroschüre. ●●●●● *
(**7058**-6) Diskette 3 1/2" für IBM-PC + Kompatible, mit Begleitbroschüre. ●●●●●*

Richtige Groß- und Kleinschreibung
durch neue, vereinfachte Regeln. Erläuterungen der Zweifelsfragen anhand vieler Beispiele.
(**0897**-X) Von Prof. Dr. Ch. Stetter, 96 S., kart. ●●

Gutes Deutsch schreiben und sprechen
(**4432**-1) Von W. Manekeller, Dr. G. Reinert-Schneider, 416 S., durchgehend zweifarbig, Pappband. ●●●●

Mehr Erfolg in der Schule
Deutsche Rechtschreibung und Grammatik
Übungen und Beispiele für die Klassen 5-10.
(**4407**-0) Von K. Schreiner, 128 S., durchgehend zweifarbig, Pappband. ●●●

Richtiges Deutsch Rechtschreibung · Zeichensetzung · Grammatik · Stilkunde.
(**0551**- 2) Von K. Schreiner, 128 S., 7 Zeichnungen, kart. ●

Besseres Deutsch
Mit Übungen und Beispielen für Rechtschreibung, Diktate, Zeichensetzung, Aufsätze, Grammatik, Literaturbetrachtung, Stil, Briefe, Fremdwörter, Reden.
(**4115**-2) Von K. Schreiner, 444 S., 7 s/w-Fotos, 27 Zeichnungen, Pappband. ●●●

Richtige Zeichensetzung
durch neue, vereinfachte Regeln. Erläuterungen der Zweifelsfragen anhand vieler Beispiele.
(**0744**-4) Von Prof. Dr. Ch. Stetter, 160 S., kart. ●

Diktate besser schreiben
Übungen zur Rechtschreibung für die Klassen 4 bis 8
(**0469**-9) Von K. Schreiner, 152 S., 31 Zeichnungen, kartoniert. ●●

Deutsche Grammatik
Ein Lern- und Übungsbuch
(**0704**-3) Von K. Schreiner, 122 S., kart. ●

Aufsätze besser schreiben
Förderkurs für die Klassen 4 – 10
(**0429**-X) Von K. Schreiner, 144 S., 31 Abb., kartoniert. ●●

Mehr Erfolg in der Schule
Der Deutschaufsatz
Übungen und Beipiele für die Klassen 5-10
(**4271**-X) Von K. Schreiner, 240 S., 4 s/w-Fotos, 51 Zeichnungen, Pappband. ●●●

Mehr Erfolg in der Schule
Deutsch
Textinterpretation, Literaturgeschichte und Stilkunde
(**4483**-6) Von K. Schreiner, 272 S., 43 zweifarbige Zeichnungen, Pappband ●●●●

Mehr Erfolg in der Schule **Mathematik** 1
Arithmetik und Algebra. Übungen, Beispiele und Lösungen für die Klassen 5 bis 10.
(**4420**-8) Von R. Müller-Fonfara, 256 S., 193 Zeichn., 2 s/w-Fotos, Pappband. ●●●

Mehr Erfolg in der Schule
Mathematik 2
Geometrie, Statistik, Wahrscheinlichkeitsrechnung und kaufmännisches Rechnen
(**4456**-9) Von R. Müller-Fonfara, W. Scholl, 256 S., 6 s/w-Fotos, 304 Zeichnungen, Pappband. ●●●

Mathematische Formeln für Schule und Beruf
Mit Beispielen und Erklärungen.
(**0499**-0) Von R. Müller-Fonfara, 156 S., 210 Zeichnungen, kart. ●

Schülerlexikon der Mathematik
Formeln, Übungen und Begriffserklärungen für die Klassen 5 – 10
(**0430**-3) Von R. Müller-Fonfara, 176 S., 96 Zeichnungen, kart. ●

Mathematik-Textaufgaben leicht gelöst
Aufgaben · Lösungsstrategien · Anwendungsbeispiele
(**1022**-0) Von R. Müller-Fonfara, 128 S., 4 Zeichnungen, kartoniert. ●●

Rechnen aufgefrischt für Schule und Beruf.
(**0100**-2) Von H. Rausch, 144 S., kart. ●

FALKEN-Software
Wirtschaftsrechnen in Beruf und Alltag
(**7037**-3) Diskette für IBM-PC und Kompatible, mit Begleitheft. ●●●●●*

Mehr Erfolg in der Schule
Physik
Mechanik · Wärmelehre · Optik · Elektrizität · Atomphysik
(**4448**-8) Von Dr. T. Neubert, 240 S., 219 Zeichnungen, Pappband. ●●●●

Physik verständlich
Förderkurs für die Klassen 7 bis 10
(**0926**-7) Von Dr. Th. Neubert, 136 S., 146 s/w-Zeichnungen, 166 Aufgaben, kart. ●●

Besseres Englisch
Grammatik und Übungen für die Klassen 5 bis 10.
(**0745**-0) Von E. Henrichs, 144 S., kart. ●●

Mehr Erfolg in der Schule
Englische Grammatik
Regeln und Übungen für die Klassen 5 bis 13
(**4431**-3) Von E. Henrichs-Kleinen, 256 S., durchgehend zweifarbig, Pappband. ●●●

FALKEN-Software
Business English for Secretaries
Lernen und üben in berufsbezogenen Situationen (**7035**-7) Diskette 5 1/4" für IBM-PC + Kompatible, mit Begleitbroschüre. ●●●●●*
(**7059**-4) Diskette 3 1/2" für IBM-PC + Kompatible, mit Begleitbroschüre. ●●●●●*

FALKEN-Software
The Grammar-Master
Englische Grammatik üben und beherrschen
(**7002**-0) Diskette für den C 64/C 128 PC ●●●●*
(**7030**-6) Diskette für IBM-PC + Kompatible, mit Begleitheft. ●●●●● *
(**7031**-8) Diskette für Atari ST 520/1040, mit Begleitheft. ●●●●● *
(**7032**-2) Diskette für Amiga, mit Begleitheft. ●●●●●*

FALKEN-Software
Vokabeltrainer Englisch
Von B. Hoppius. (**7001**-2) 2 Disketten für C 64/C 128 PC mit Begleitheft. ●●●●●*
(**7007**-1) Wendediskette für Atari ST 520/1040, mit Begleitheft. ●●●●●*
(**7034**-9) Diskette 5 1/4″ für IBM-PC + Kompatible, mit Begleitheft. ●●●●●*
(**7084**-5) Diskette 3 1/2″ für IBM-PC + Kompatible, mit Begleitheft. ●●●●●*
FALKEN-Software
Vokabeltrainer Französisch
Über 2000 Vokabeln und Redewendungen frei erweiterbar
(**7018**-7) Systemdiskette u. Wendediskette für C 64/C 128 PC, mit Begleitheft, (**7019**-5) Diskette 5 1/4″ für IBM-PC und Komp., mit Begleitheft. ●●●●●*
FALKEN-Software
Je finis, tu finis ...
maitrisez la grammaire française
Französische Grammatik lernen und beherrschen
(**7053**-5) Diskette 5 1/4″ für IBM-PC + Kompatible, mit Begleitbroschüre. ●●●●●*
(**7069**-1) Diskette 3 1/2″ für IBM-PC + Kompatible, mit Begleitbroschüre. ●●●●●*
FALKEN-Software
Le monde des affaires en français
Wirtschaftsfranzösisch leicht gelernt
(**7064**-2) Diskette 5 1/4″ für IBM-PC + Kompatible, mit Begleitbroschüre. ●●●●●*
(**7068**-3) Diskette 3 1/2″ für IBM-PC + Kompatible, mit Begleitbroschüre. ●●●●●*
Besseres Französisch
Grammatik und Übungen für die Klassen 9 bis 11
(**1039**-7) Von R. Lübke, 114 S., durchgehend zweifarbig, kartoniert. ●●
FALKEN-Software
Vokabeltrainer Italienisch
Über 2000 Vokabeln und Redewendungen frei erweiterbar
(**7065**-3) Diskette 5 1/4″ für IBM-PC + Kompatible, mit Begleitbroschüre. ●●●●●*
(**7064**-0) Diskette 3 1/2″ für IBM-PC + Kompatible, mit Begleitbroschüre. ●●●●●*
FALKEN-Software
Vokabel Trainer Latein
Über 2000 Vokabeln und Redewendungen frei erweiterbar
(**7022**-5) Von B. Hoppius, Wendediskette für C 64/C 128 PC, mit Begleitheft. ●●●●●*
(**7033**-0) Diskette 5 1/4″ für IBM-PC + Kompatible, mit Begleitheft. ●●●●●*
(**7085**-3) Diskette 3 1/2″ für IBM-PC + Kompatible, mit Begleitheft. ●●●●●*
Schnell und sicher zum Führerschein
Tips und Tricks aus 30jähriger-Fahrschul-Praxis.
(**0921**-6) Von O. Einert, 152 S., 156 Farbfotos, 161 z. T. farb. Zeichnungen, kart. ●●
FALKEN-Software
Schnell und sicher zum Führerschein
Intensivtraining mit dem amtlichen Fragenkatalog
(**7024**-1) Diskette für Atari ST 520/1040, mit Begleitheft. ●●●●● *
(**7029**-2) Diskette für Amiga, mit Begleitheft. ●●●●●*
Erfolgreiche Bewerbung um einen Ausbildungsplatz
(**0715**-9) Von H. Friedrich, 128 S., kart. ●
Bewerbungsstrategien
Erfolgreiche Konzepte für Karrierebewußte
(**1027**-3) Von Dr. W. Reichel, 128 S., kartoniert. ●●

Karriereplanung mit System
Bewerbungsstrategien für erfolgsorientierte Frauen
(**4455**-0) Von R. Ibelgaufts, 144 S., 20 Cartoons, Pappband. ●●
Die Bewerbung
Der moderne Ratgeber für Bewerbungsbriefe, Lebenslauf und Vorstellungsgespräche.
(**4138**-1) Von W. Manekeller, 264 S., Pappband. ●●
Die erfolgreiche Bewerbung
Bewerbung und Vorstellung
(**0173**-8) Von W. Manekeller, U. Schoenwald, 144 S., kartoniert. ●●
Lebenslauf und Bewerbung
Beispiele für Inhalt, Form und Aufbau
(**0428**-1) Von H. Friedrich, 112 S., kart. ●
Erfolgreiche Bewerbungsbriefe und Bewerbungsformen
(**0138**-X) Von W. Manekeller, U. Schoenwald, 88 S., kart. ●
Vorstellungsgespräche
sicher und erfolgreich führen.
(**0636**-5) Von H. Friedrich, 144 S., kart. ●
Keine Angst vor Einstellungstests
Ein Ratgeber für Bewerber.
(**0793**-6) Von Ch. Titze. 120 S., 67 Zeichnungen, kart. ●
FALKEN-Software
Einstellungstests
(**7013**-6) Von B. Hoppius, Wendediskette für C 64/C 128 PC. mit Begleitheft. ●●●● *
Die ersten Tage am neuen Arbeitsplatz
Ratschläge für den richtigen Umgang mit Kollegen und Vorgesetzten
(**0855**-4) Von H. Friedrich, 104 S., kart. ●
Zeugnisse im Beruf
richtig schreiben, richtig verstehen
(**0544**-X) Von H. Friedrich, 112 S., kart. ●
So lernt man leicht und schnell
Maschinenschreiben
Lehrbuch für Schulen, Lehrgänge und Selbstunterricht. (**0568**-7) Von M. Kempkes, 112 S., 48 Zeichnungen, kart. ●●
FALKEN-Software
Maschinenschreiben und Tastaturtraining für Computer
(**7009**-8) Von B. Hoppius, Diskette 5 1/4″ u. 3 1/2″ für IBM-PC + Kompatible, mit Begleitheft. ●●●●●*
Maschinenschreiben im Selbstunterricht
(**0170**-3) Von A. Fonfara, 88 S., kart. ●
Buchführung leicht gemacht
Ein methodischer Grundkurs für den Selbstunterricht. (**4238**-8) Von D. Machenheimer, R. Kersten, 252 S., Pappband. ●●●●
Buchführung leicht gefaßt
Für Handwerker, Gewerbetreibende und freiberuflich Tätige. (**0127**-4) Von R. Pohl, 104 S., kart. ●
Stenografie leicht gelernt
im Kursus oder Selbstunterricht
(**0266**-1) Von H. Kaus, 64 S., kart. ●
Gitarre spielen
Ein Grundkurs für den Selbstunterricht
(**0534**-2) Von A. Roßmann, 96 S., 1 Schallfolie, 150 Zeichnungen, kart. ●●●
Das große Buch der
Antworten auf Kinderfragen
(**4477**-1) Von H. Hofmann, Ü. Kopp, G. Jankovics u. a., 192 S., 308 Farbzeichnungen, Pappband. ●●●
Das neue, farbige
Jugendlexikon
(**4472**-0) Von J. Frey, D. Rex, 304 Seiten, 269 Farb- u. 52 s/w-Fotos, 6 Farbzeichn., Pappband. ●●●
Das große farbige Kinderlexikon
(**4195**-0) Von U. Kopp, 320 S., 493 Farbabb. 17 s/w-Fotos, Pappband. ●●●

Die Faszination der Philatelie
Briefmarken sammeln
(**4273**-6) Von D. Stein, 212 S., 124 s/w-Fotos, 24 Farbtafeln, Pappband. ●●●
Briefmarken sammeln
(**0481**-8) Von D. Stein, 120 S., 4 Farbtafeln, 98 s/w-Abbildungen, kartoniert. ●
Pfeiferauchen leicht gemacht
Die richtige Art, Tabak zu genießen
(**1026**-5) Von O. Pollner, 112 S., 125 Farbfotos, 5 zweifarbige-Abb, kart. ●●
Umweltschutz
Das Öko-Testbuch zur Eigeninitiative
(**4160**-8) Von M. Häfner, 352 S, 411 Farbfotos, 152 Farbzeichnungen, Pappband. ●●●●
Münzen
Ein Brevier für Sammler.
(**0353**-6) Von E. Dehnke, 128 S., 4 Farbtafeln, 17 s/w-Abb., kart. ●●
Astronomie im Bild
Unser Sternenhimmel rund ums Jahr
(**0849**-X) Von Dr. E. Übelacker, 88 S., 48 Farbfotos, 1 s/w-Foto, 68 Farbzeichn., kart. ●●
Astronomie als Hobby
Sternbilder und Planeten erkennen und benennen.
(**0572**-5) Von D. Block, 176 S., 16 Farbtafeln, 49 s/w-Fotos, 93 Zeichnungen, kart. ●●
Die Handschrift als Spiegel des Charakters
Graphologie
(**1025**-7) Von Dr. W. Busch, 104 S., 87 Schriftproben, kartoniert. ●
Familienforschung · Ahnentafel · Wappenkunde
Wege zur eigenen Familienchronik
(**0744**-2) Von P. Bahn, 128 S., 8 Farbtafeln. 30 Abbildungen, kart. ●●
Familienforschung und Wappenkunde
(**4485**-2) Von P. Bahn, 224 S., 114 zweifarbige Abbildungen, Pappband. ●●●●
Wie Sie im Schlaf das Leben meistern
Schöpferisch träumen
Der Klartraum als Lebenshilfe
(**4258**-2) Von Prof. D. P. Tholey, K. Utecht. 280 S., 1 s/w-Foto, 20 Zeichn., Pappband. ●●●
Traumdeutung
Die Bildersprache unserer Traumwelt entschlüsseln
(**4486**-0) Von G. Fink, 384 S., 74 zweifarbige Fotos, Pappband. ●●●●
Wahrsagen mit Tarot-Karten
(**0482**-6) Von E. J. Nigg, 112 S., 52 s/w-Abb., Pappband. ●
Die 12 Tierzeichen
Chinesisches Horoskop
(**0423**-0) Von G. Haddenbach, 88 S., kartoniert. ●
Die 12 Sternzeichen
Charakter, Liebe und Schicksal.
(**0385**-4) Von G. Haddenbach, 136 S., kart. ●●
Partnerschaftshoroskop
Glück und Harmonie mit Ihrem Traumpartner.
(**0587**-3) Von G. Haddenbach, 112 S., 11 Zeichnungen, kart. ●
Im Zeichen der Sterne
(**0951**-8) Der feurige Widder
(**0952**-6) Der willensstarke Stier
(**0953**-4) Die vielseitigen Zwillinge
(**0954**-2) Der feinfühlige Krebs
(**0955**-0) Der königliche Löwe
(**0956**-9) Die zuverlässige Jungfrau
(**0957**-7) Die charmante Waage
(**0958**-5) Der leidenschaftliche Skorpion
(**0959**-3) Der temperamentvolle Schütze
(**0960**-7) Der treue Steinbock
(**0961**-5) Der selbstbewußte Wassermann
(**0962**-3) Die romantischen Fische
Von G. Haddenbach, 64 S., 35 Farbfotos, Pappband. ●

13

Humor und Unterhaltung

Heitere Vorträge
(**0528**-8) Von E. Müller, 128 S., 14 Zeichnungen, kart. ●

So feiert man Feste fröhlicher
Heitere Vorträge und Gedichte
(**0098**-7) Von Dr. Allos, 96 S., 15 Abb., kart. ●

Heitere Vorträge und witzige Reden
Lachen, Witz und gute Laune
(**0149**-5) Von E. Müller, 104 S., 44 Abb., kart. ●

Da lacht das Publikum
Neue lustige Vorträge für viele Gelegenheiten.
(**0716**-7) Von H. Schmalenbach, 96 S., kart. ●

Gereimte Vorträge
für Bühne und Bütt
(**0567**-9) Von G. Wagner, 96 S., kart. ●

Narren in der Bütt
Leckerbissen aus dem rheinischen Karneval.
(**0216**-5) Zusammengestellt von T. Lücker, 112 S., kart. ●

Damen in der Bütt
Scherze, Büttenreden, Sketche
(**0354**-4) Von T. Müller, 136 S., kart. ●

Wir feiern Karneval
Festgestaltung und Reden für die närrische Zeit.
(**0904**-6) Von M. Zweigler, 120 S., 7 Zeichnungen, kart. ●

Helau und Alaaf 1 Närrisches aus der Bütt.
(**0304**-8) Von E. Müller, 112 S., 4 Zeichnungen, kart. ●

Helau und Alaaf 2
Neue Büttenreden für Sie und Ihn
(**0477**-X) Von E. Luft, 96 S., kart. ●

Helau und Alaaf 3
Neue Reden für die Bütt.
(**0832**-5) Von H. Fauser, 112 S., 13 Zeichnungen, kart. ●

Helau und Alaaf 4
Neue Büttenreden für Sie und Ihn
(**0983**-6) Hrsg. H. Fauser, 96 S., 15 s/w-Zeichn., zahlreiche Vignetten, kart. ●

Sketche und Blackouts zum Nachspielen
(**0941**-0) Von E. Cohrs, 112 S., 12 Zeichnungen, kart. ●

Vorhang auf!
Neue Sketche für jung und alt.
(**0898**-8) Von H. Pillau, 96 S., 22 Zeichnungen, kart. ●

Witzige Sketche zum Nachspielen
(**0511**-3) Von D. Hallervorden, 112 S., kart. ● ●

Tolle Sketche
mit zündenden Pointen – zum Nachspielen.
(**0656**-X) Von E. Cohrs, 112 S., kart. ●

Vergnügliche Sketche
(**0476**-1) Von H. Pillau, 96 S., 7 Zeichn., kart. ●

Lustige Sketche
Kurze Theaterstücke für Jungen und Mädchen
(**0669**-1) Von U. Lietz, U. Lange, 96 S., kart. ●

Spielbare Witze für Kinder
(**0824**-4) Von H. Schmalenbach, 112 S., 30 Zeichnungen, kart. ●

Die besten Beamtenwitze
(**0574**-1) Von W. Pröve, 80 S., 39 Zeichnungen, kart. ●

Witzig, witzig
(**0507**-5) Von E. Müller, 128 S., 16 Zeichnungen kart. ●

Die besten Kinderwitze
(**0757**-4) Von K. Rank, 112 S., 28 Zeichnungen, kart. ●

Lach mit!
Witze für Kinder, gesammelt von Kindern.
(**0468**-0) Von W. Pröve, 96 S., 17 Zeichnungen, kart. ●

Spiele und Denksport

Neues Buch der siebzehn und vier Kartenspiele
(**0095**-2) Von K. Lichtwitz, 96 S., kart. ●

Alles über Pokern
Regeln und Tricks.
(**2024**-4) Von C. D. Grupp, 112 S., 29 Kartenbilder, kart. ●

Romme' und Canasta
in allen Variationen.
(**2025**-2) Von C. D. Grupp, 88 S., 24 Zeichnungen, kart. ●

Doppelkopf, Schafkopf, Binokel, Cego, Tarock und andere Stammtischspiele.
(**2015**-5) Von C. D. Grupp, 112 S., kart. ●

Black Jack
Regeln und Strategien des Kasinospiels.
(**2032**-3) Von K. Kelbratowski, 88 S., kart. ●

Spielend Skat lernen
unter freundlicher Mitarbeit des Deutschen Skatverbandes.
(**2005**-8) Von Th. Krüger, 120 S., 181 s/w-Fotos, 22 Zeichn., kart. ●

Patiencen
In Wort und Bild. (**2003**-1) Von I. Wolter-Rosendorf, 120 S., kart. ●

Neue Patiencen
(**2036**-8) Von H. Sosna, 160 S., 43 Farbtafeln, kart. ● ●

Falken-Handbuch **Bridge**
Von den Grundregeln zum Turnierspiel.
(**4092**-X) Von W. Voigt und K. Ritz, 280 S., 792 Zeichnungen, gebunden. ● ● ● ●

Spielend Bridge lernen
(**2012**-0) Von J. Weiss, 96 S., 58 Zeichnungen, kart. ●

Präzisions-Treff im Bridge
(**2037**-6) Von E. Jannersten, 152 S. kart. ● ●

Spieltechnik im Bridge
(**2004**-X) Von V. Mollo und N. Gardener, deutsche Adaption von D. Schröder, 152 S., kart. ● ● ●

Neue Kartentricks
(**2027**-9) Von K. Pankow, 104 S., 20 Abb., kart. ●

Das japanische Brettspiel Go
(**2020**-1) Von W. Dörholt, 104 S., 182 Diagramme, kart. ●

Mah-Jongg
Das chinesische Glücks-, Kombinations- und Gesellschaftsspiel. (**2030**-9) Von U. Eschenbach, 96 S., 30 s/w-Fotos, 5 Zeichn., kart. ●

Backgammon
für Anfänger und Könner. (**2008**-2) Von G. W. Fink und G. Fuchs, 104 S., 41 Abb., kart. ●

Das Backgammon-Handbuch
(**4422**-4) Von E. Heyken, M. B. Fischer, 232 S., 400 Abbildungen, Pappband. ● ● ● ●

Würfelspiele
für jung und alt. (**2007**-4) Von F. Pruss, 112 S., 21 s/w-Zeichnungen, kart. ●

Roulette richtig gespielt
Systemspiele, die Vermögen brachten.
(**0121**-5) Von M. Jung, 96 S., zahlreiche Tabellen, kart. ●

Spiele für Party und Familie
(**2014**-7) Von Rudi Carrell, 80 S., 22 Zeichnungen, kart. ●

Neue Spiele für Ihre Party
(**2022**-8) Von G. Blechner, 120 S., 54 Zeichnungen, kartoniert. ●

Lustige Tanzspiele und Scherztänze
für Partys und Feste.
(**0165**-7) Von E. Bäulke, 80 S., 53 Abb., kart. ●

Das Spiel mit der Schwerkraft
Jonglieren
Mit Bällen, Keulen, Ringen und Diabolo.
(**1009**-5) Von S. Peter, 80 S., 149 Farbfotos, kartoniert. ● ●

Magische Zaubereien
(**0672**-1) Von W. Widenmann, 64 S., 31 Zeichnungen, kart. ●

Zaubern
einfach – aber verblüffend.
(**2018**-X) Von D. Bouch, 84 S., 41 Zeichnungen, kart. ●

Scherzfragen, Drudel und Blödeleien
gesammelt von Kindern.
(**0506**-7) Hrsg. von W. Pröve, 80 S., 57 Zeichnungen, kart. ●

Kinderspiele
die Spaß machen.
(**2009**-0) Von H. Müller-Stein, 104 S., 28 Abb., kart. ●

Kinderspiele mit Buchstaben und Wörtern
(**1041**-9) Von Dr. U. Vohland, 96 S., 53 Zeichnungen, kartoniert. ●

Spiel und Spaß am Krankenbett
für Kinder und die ganze Familie.
(**2035**-X) Von H. Bücken, 96 S., 97 Zeichnungen, kart. ●

Spiele im Freien
(**2038**-4) Von G. Wagner, 88 S., 20 zweif. Zeichnungen, kartoniert. ●

Spiel und Spaß zu Hause
(**2039**-2) Von U. Geißler, 80 S., 90 zweifarbige Abbildungen, kart. ●

Spiel und Spaß auf Reisen
Für Kinder und die ganze Familie
(**1085**-0) Von U. Geißler, 80 S., 107 zweifarbige Zeichnungen, kart. ●

Guten Tag, Kinder!
Neue Texte mit Spielanleitungen fürs Kasperletheater. (**0861**-9) Von U. Lietz, 96 S., 18 s/w-Zeichnungen, kart. ●

Kasperletheater
Spieltexte und Spielanleitungen · Basteltips für Theater und Puppen.
(**0641**-1) Von U. Lietz, 114 S., 4 Farbtafeln, 12 s/w-Fotos, 39 Zeichnungen, kart. ●

Kindergeburtstage, die keiner vergißt
Planung, Gestaltung, Spielvorschläge.
(**0698**-5) Von G. und G. Zimmermann, 104 S., 80 Vignetten, kart. ●

Kindergeburtstag
Vorbereitung, Spiel und Spaß.
(**0287**-4) Von Dr. I. Obrig, 136 S., 40 Abb., 11 Zeichnungen, 9 Lieder mit Noten, kart. ●

Unvergeßliche Kinderfeste
Tolle Dekorationen, Spiele, Sketche für drinnen und draußen
(**4457**-7) Von Dr. G. Hennekemper, 192 S., 111 Farbfotos, 214 Farb- und 14 s/w-Zeichnungen, 4 Seiten Schnittmuster, Pappband. ● ● ●

Knobeleien und Denksport
(**2019**-8) Von K. Rechberger, 142 S., 105 Zeichnungen, kart. ●

Das Super-Kreuzwort-Rätsel-Lexikon
Über 150.000 Begriffe.
(**4279**-5) Von H. Schiefelbein, 688 S., Pappband. ● ●

Video

Hobby Aquarellmalen
Landschaft und Stilleben
(**6022**-X) VHS, 40 Min., in Farbe, mit Begleitheft. ●●●●*

Hobby Ölmalerei
Landschaft und Stilleben
(**6025**-4) VHS, 40 Min., in Farbe, mit Begleitheft. ●●●●*

Basteln mit Kindern
(**6041**-6) VHS, 60 Min., in Farbe, mit Vorlagen in Originalgröße, mit Begleitheft. ●●●*

Die Modelleisenbahn
Anlagenbau in Modultechnik
(**6028**-9) VHS, 30 Min., in Farbe. ●●●*

Fit und Gesund
Körpertraining und Bodybuilding zu Hause
(**6013**-0) VHS, 30 Min., in Farbe, mit Begleitheft. ●●●●*

Golf
(**6053**-X) VHS, 60 Min., in Farbe, mit Begleitheft. ●●●●*

Pflanzenjournal
Blumen- und Pflanzenpflege im Jahreslauf
(**6036**-X) VHS, 30 Min., mit Begleitheft. ●●●●*

Schnitt und Pflege von Bäumen und Sträuchern
(**6050**-5) VHS, 45 Min., in Farbe, mit Begleitheft. ●●●●*

Aktfotografie
Gestaltung/Technik/Spezialeffekte
Interpretationen zu einem unerschöpflichen Thema
(**6001**-7) VHS, 60 Min., in Farbe, mit Begleitheft. ●●●●*

Videografieren
Technik/Bildgestaltung/Schnitt/Vertonung,
Filmen mit Video 8
(**6031**-9) VHS,
60 Min., in Farbe, mit Begleitheft. ●●●●●*

Videografieren perfekt
Profitricks für Aufnahmetechnik und Nachbearbeitung
(**6042**-4) VHS, (**6043**-2) Beta, (**6044**-4) Video 8, 60 Min., in Farbe, mit Begleitheft. ●●●●*

Streicheleinheiten für Körper und Seele
Partnermassage
(**6051**-3) VHS, 45 Min., in Farbe, mit Begleitheft. ●●●●*

Reiseziel **New York**
Die schönsten Sehenswürdigkeiten, präzise Informationen, praktische Tips
(**6048**-3) VHS, 60 Min., in Farbe, mit Begleitheft. ●●●●*

Reiseziel **Kalifornien**
San Franzisko und die schönsten Ziele in Kalifornien.
Präzise Informationen und praktische Tips
(**6049**-1) VHS, 60 Min., in Farbe, mit Begleitbroschüre. ●●●●*

Reiseziel **Florida**
(**6054**-8) VHS, 60 Min., in Farbe, mit Begleitheft. ●●●●*

Reiseziel **Hawaii**
Das Paradies im Stillen Ozean
(**6063**-7) VHS, ca. 60 Min., in Farbe, Timecode, Kompaktreiseführer mit Panoramakarte im Taschenformat. ●●●●*

Info-Tour USA
Die Highlights aus dem
FALKEN Reiseprogramm
(**6060**-2) VHS, 30 Min., in Farbe, mit Begleitheft. ●*

Reiseziel **USA**
(**6055**-6) VHS, 60 Min., in Farbe, mit Begleitheft. ●●●●*

Reiseziel **Irland**
(**6059**-9) VHS, 60 Min., in Farbe, mit Begleitheft. ●●●●*

Reiseziel **Norwegen**
Rundreise zu den schönsten Fjorden, präzise Informationen, praktische Tips.
(**6058**-0) VHS, ca. 60 Min., in Farbe, Timecode, Kompaktreiseführer mit Panoramakarte im Taschenformat. ●●●●*

Reiseziel **Kanarische Inseln**
Schöne Strände, interessante Exkursionen
(**6064**-5) VHS, ca. 60 Min., in Farbe, Timecode, Kompaktreiseführer mit Panoramakarte im Taschenformat. ●●●●*

Reiseziel **Thailand**
(**6065**-3) VHS, ca. 60 Min., in Farbe, Timecode, Kompaktreiseführer mit Panoramakarte im Taschenformat. ●●●●*

Reiseziel **Berlin**
Kultur, Shopping, Erlebnis
(**6067**-X) VHS, ca. 60 Min., in Farbe, Timecode, Kompaktreiseführer mit Panoramakarte im Taschenformat. ●●●●*

Körpersprache
verstehen und deuten
(**6046**-7) VHS, 60 Min., in Farbe, mit Begleitheft. ●●●●*

Das erfolgreiche Vorstellungsgespräch
(**6047**-5) VHS, 60 Min., in Farbe, mit Begleitheft. ●●●●*

Bestellschein

Erfüllungsort und Gerichtsstand für Vollkaufleute ist der jeweilige Sitz der Lieferfirma. Für alle übrigen Kunden gilt dieser Gerichtsstand für das Mahnverfahren. Falls durch besondere Umstände Preisänderungen notwendig werden, erfolgt Auftragserledigung zu dem bei der Lieferung gültigen Preis.

Ich bestelle hiermit aus dem Falken-Verlag GmbH, Postfach 11 20, D-6272 Niederhausen/Ts., durch die Buchhandlung:

Ex. _____

Ex. _____

Ex. _____

Ex. _____

Name: _____ Datum: _____

Straße: _____

Ort: _____ Unterschrift: _____

Die hier vorgestellten Bücher, Videokassetten und Software sind in folgende Preisgruppen unterteilt:
- ● Preisgruppe bis DM 10,–/S 79,–/SFr 10,–
- ●● Preisgruppe über DM 10,– bis DM 20,– S 80,– bis S 160,– SFr 10,– bis SFr 20,–
- ●●● Preisgruppe über DM 20,– bis DM 30,– S 161,– bis S 240,– SFr 20,– bis SFr 29,–
- ●●●● Preisgruppe über DM 30,– bis DM 50,– S 241,– bis S 400,– SFr 29,– bis SFr 48,–
- ●●●●● Preisgruppe über DM 50,–/S 401,–/SFr 48,–   *unverbindliche Preisempfehlung

Die Preise entsprechen dem Status beim Druck dieses Verzeichnisses (s. Seite 1) – Änderungen, im besonderen der Preise, vorbehalten –

Falken-Verlag GmbH · Postfach 1120      D-6272 Niederhausen/Ts. · Tel.: 0 61 27/70 20

Computerbücher und Software

FALKEN Computer Lexikon
(**4185**-3) 312 S., 173 s/w-Fotos, Pappband. ●●●

Computer-Grundwissen
Eine Einführung in Funktion und Einsatzmöglichkeiten. (**4359**-7) Von Chr. T. Wolff, 176 S., 193 Farb- und 12 s/w-Fotos, 37 Computergrafiken, kartoniert. ●●● (**4358**-9) Pappband. ●●●●

Daten-Fernübertragung
Vom Akustikkoppler bis zum lokalen Netzwerk
(**4325**-2) Von P. C. den Heijer, R. Tolsma, 272 S., zahlreiche Abb., kartoniert. ●●●●●

Microsoft Excel
Tabellenkalkulationen, Geschäftsgrafik und Datenbank im Selbststudium für alle Versionen bis 2.1. Mit Tutor-Diskette.
(**4333**-3) Von P. Vogel, M. Hofmann, 176 S., 112 zweifarbige Abb., kartoniert. ●●●●●

Desktop Publishing: Typografie und Layout
Seiten gestalten am PC · für Einsteiger und Profis
(**4330**-9) Von Dr. H. D. Baumann, M. Klein, 320 S., zahlreiche zweifarbige Abb., Pappband. ●●●●●

Einführung in Pascal
Garantiert Pascal lernen durch schrittweise Erarbeitung
(**4329**-5) Von R. Röder, 270 S., durchgehend zweifarbig, Pappband. ●●●●●

Einführung in C
(**4336**-8) Von A. Janka, P. Welzig, 270 S., zahlreiche Abbildungen, mit Begleitdiskette 5 1/4", Pappband. ●●●●●

PC HELP!
CONFIG.SYS und AUTOEXEC.BAT
Optimale Systemkonfiguration
(**4338**-4) Von A. Görgens, 64 S., ca. 50 s/w-Abbildungen und Grafiken, kartoniert. ●●

PC HELP!
DOS-Kommandos richtig nutzen
(**4339**-2) Von A. Görgens, 64 S., ca. 50 s/w-Abbildungen und Grafiken, kartoniert. ●●

PC HELP!
Dateien retten mit Norton Utilities und PC-Tools
(**4340**-6) Von A. Görgens, 64 S., ca. 50 s/w-Abbildungen und Grafiken, kartoniert. ●●

PC HELP!
Batch-Dateien – DOS-Abläufe selber festlegen
(**4341**-4) Von A. Görgens, 64 S., ca. 50 s/w-Abbildungen und Grafiken, kartoniert. ●●

PC HELP!
Word – Serienbriefe
(**4342**-2) Von P. Vogel, 64 S., ca. 50 s/w-Abbildungen und Grafiken, kartoniert. ●●

PC HELP!
Geschäftsgrafiken mit Lotus 1-2-3
(**4343**-0) Von P. Vogel, 64 S., ca. 50 s/w-Abbildungen und Grafiken, kartoniert. ●●

PC HELP!
Die ersten Schritte mit dem PC
(**4344**-9) Von P. Vogel, H. Ebsen, 64 S., ca. 50 s/w-Abbildungen und Grafiken, kart. ●●

PC HELP!
Mehr Speicher unter DOS nutzen
(**4345**-7) Von K. O. Kuhl, 64 S., ca. 50 s/w-Abbildungen und Grafiken, kartoniert. ●●

PC HELP!
Viren erkennen und beseitigen
(**4346**-5) Von M. Hofmann, 64 S., ca. 50 s/w-Abbildungen und Grafiken, kartoniert. ●●

PC HELP!
dBASE-Relationen richtig nutzen
(**4347**-3) Von M. Hofmann, 64 S., ca. 50 s/w-Abbildungen und Grafiken, kartoniert. ●●

PC HELP!
Termine steuern mit FRAMEWORK III
(**4348**-1) Von M. Hofmann, 64 S., ca. 50 s/w-Abbildungen und Grafiken, kartoniert. ●●

PC HELP!
Listendruck mit dBASE und kompatiblen Programmen
(**4349**-X) Von M. Hofmann, 64 S., ca. 50 s/w-Abbildungen und Grafiken, kartoniert. ●●

FALKEN Software
Einstellungstests
Die optimale Vorbereitung für Bewerber
(**7013**-6) Wendediskette für C 64/ C 128 PC, mit Begleitheft. ●●●●*

FALKEN Software
Schnell und sicher zum
Führerschein
Intensivtraining mit dem amtlichen Fragenkatalog
(**7024**-1) für Atari ST 520/1040, mit Begleitheft. ●●●●●*
(**7029**-2) f. Amiga, mit Begleitheft. ●●●●●*

FALKEN Software
Maschinenschreiben und Tastaturtraining für Computer
(**7009**-8) Von B. Hoppius, Diskette 5 1/4" u. 3 1/2" für IBM PC + Kompatible, mit Begleitheft. ●●●●●*

FALKEN Software
Musterkorrespondenz in Deutsch, Englisch, Französisch, Italienisch, Spanisch
(**7041**-1) Diskette 5 1/4" für IBM-PC + Kompatible, mit Begleitbroschüre. ●●●●●*
(**7051**-9) Diskette 3 1/2" für IBM-PC + Kompatible, mit Begleitbroschüre. ●●●●●*

FALKEN Software
TEXAD
Text- und Adressenverwaltung
Mit Musterbriefen und Formularen für den privaten und geschäftlichen Bereich
(**7017**-9) für IBM-PC und Kompatible, Disk, 5 1/4", mit Begleitheft. ●●●●●*
(**7048**-9) Diskette 3 1/2", mit Handbuch. ●●●●●
(**7049**-7) Demo-Version 5 1/4", ohne Handbuch. ●●*
(**7050**-0) Demo-Version 3 1/2", ohne Handbuch. ●●*

FALKEN Software
DOS-Tutor
DOS lernen, üben und beherrschen
(**7020**-9) Diskette 5 1/4" für IBM PC + Kompatible, mit Begleitheft. ●●●●●*
(**7021**-7) Diskette 3 1/2" für IBM-PC + Kompatible, mit Begleitheft. ●●●●●*

FALKEN Software
Wirtschaftsrechnen in Beruf und Alltag.
(**7037**-3) Diskette für IBM PC + Kompatible, mit Begleitheft. ●●●●●*

FALKEN Software
Vokabeltrainer Englisch
Über 2000 Vokabeln und Redewendungen
(**7001**-2) Disk. für C 64/C 128 PC, mit Begleitheft. ●●●●●*
(**7007**-1) Disk. für Atari ST 520/1040, mit Begleitheft. ●●●●●*

FALKEN Software
Take a Trip to Britain
Spielend Englisch lernen mit dem Computer
(**7004**-7) Diskette für C 64/C 128 PC, mit Begleitheft. ●●●●*
(**7039**-X) Diskette 5 1/4" für IBM-PC + Kompatible, mit Begleitheft. ●●●●●*

FALKEN Software
The Grammar Master
(**7002**-0) Diskette für C 64/C 128 PC, mit Begleitheft. ●●●●*

(**7030**-6) für IBM PC + Kompatible, mit Begleitheft. ●●●●●*
(**7031**-4) für Atari ST 520/1040, mit Begleitheft. ●●●●●*
(**7032**-2) für Amiga, mit Begleitheft. ●●●●●*

FALKEN Software
From Coast to Coast
Travelling through the USA
(**7040**-3) Diskette 5 1/4" für IBM-PC + Kompatible, mit Begleitbroschüre. ●●●●●*
(**7061**-6) Diskette 3 1/2" für IBM-PC + Kompatible, mit Begleitbroschüre. ●●●●●*

FALKEN Software
Vokabeltrainer Französisch
Über 2000 Vokabeln und Redewendungen frei erweiterbar.
(**7018**-7) Systemdisk. + Wendedisk. für C 64/C 128 PC, mit Begleitheft. (**7019**-5) Disk. für IBM-PC + Kompatible, mit Begleitheft. ●●●●●*

FALKEN Software
Je finis, tu finis ... maîtrisez la grammaire française
Französische Grammatik lernen und beherrschen
(**7053**-5) Diskette 5 1/4" für IBM-PC + Kompatible, mit Begleitbroschüre. ●●●●●*
(**7069**-1) Diskette 3 1/2" für IBM-PC + Kompatible, mit Begleitbroschüre. ●●●●●*

FALKEN Software
Le monde des affaires en français
Wirtschaftsfranzösisch leicht gelernt
(**7054**-3) Diskette 5 1/4" für IBM-PC + Kompatible, mit Begleitbroschüre. ●●●●●*
(**7068**-3) Diskette 3 1/2" für IBM-PC + Kompatible, mit Begleitbroschüre. ●●●●●*

FALKEN Software
Vokabeltrainer Italienisch
Über 2000 Vokabeln und Redewendungen frei erweiterbar.
(**7065**-9) Diskette 5 1/4" für IBM-PC + Kompatible, mit Begleitbroschüre. ●●●●●*
(**7064**-0) Diskette 3 1/2" für IBM-PC + Kompatible, mit Begleitbroschüre. ●●●●●*

FALKEN Software
Vokabeltrainer Latein
Über 2000 Vokabeln und Redewendungen frei erweiterbar.
(**7022**-5) Von B. Hoppius, 2 Wendedisketten für C 64/C 128 PC, mit Begleitheft.
(**7033**-0) Diskette für IBM-PC + Kompatible, mit Begleitheft. ●●●●●*

FALKEN Software
Börsenfieber
Spielend spekulieren mit Geld und Aktien
(**7016**-0) für IBM PC + Kompatible, Diskette 5 1/4", mit Begleitheft. ●●●●●*
(**7026**-8) für C 64/C 128 PC mit Begleitheft, (**7027**-6) für Atari ST 520/1040, mit Begleitheft, ●●●●●*
(**7028**-4) für Amiga, mit Begleitheft. ●●●●●*
(**7044**-6) für IBM PC + Kompatible, Diskette 3 1/2", mit Begleitheft. ●●●●●*
(**7038**-1) für C 64/128 C Kassette, mit Begleitheft. ●●●●*

FALKEN Software
Börsenfieber
Über 100 neue Ereignisse
(**7066**-7) Diskette 5 1/4" für IBM-PC + Kompatible, mit Begleitbroschüre. ●●●*
(**7067**-5) Diskette 3 1/2" für IBM-PC + Kompatible, mit Begleitbroschüre. ●●●*

FALKEN Software
Broker King
Cash und crash an der Terminbörse
(**7057**-8) Diskette 5 1/4" für IBM-PC + Kompatible, mit Begleitbroschüre. ●●●●●*
(**7058**-6) Diskette 3 1/2" für IBM-PC + Kompatible, mit Begleitbroschüre. ●●●●●*